WIZARD

損切りか保有かを決める
最大逆行幅入門

トレーディングの損失を
最小化するリスク管理法

ジョン・スウィーニー[著]　長尾慎太郎[監修]　山下恵美子[訳]

Maximum
Adverse
Excursion

Analyzing Price Fluctuations for Trading Management
by John Sweeney

Pan Rolling

Maximum Adverse Excursion : Analyzing Price Fluctuations for Trading Management
by John Sweeney

Copyright © 1997 by John Sweeney
All rights reserved.

This translation published under license with the original publisher John Wiley & Sons, Inc.

監修者まえがき

　本書はジョン・スウィーニーの著した"Maximum Adverse Execution"の邦訳である。本文中にもあるとおり、本書は"The Trader's Advantage"シリーズのひとつとして企画され、冗長な無駄を省きトレード上の技術に特化した解説書として書かれた。ここで扱われているのは、ほかの相場書籍にあるようなトレードシステムの構築や改良の話ではなくトレード後の世界である。スウィーニーは個々のポジションを取ったあとの損益の時間的変化に注目し、その特徴をとらえることが投資行動の改善に資する可能性を示したのだ。

　トレード戦略を考える場合、アルゴリズムそのものをあれこれといじろうとする人は多いが、ポジションを取ったあとの損益の行方を管理しようとする人は少ない。なぜならそれはリスク管理の範疇に属する話であり、研究してもつまらないと一般的には思われているからだ。だが、専門家とそうでない人を分けるもののひとつはこのリスク管理にある。トレードに限らず、リスクもリワードも、本来はあるインシデントが発生する確率(頻度)と、それが起こったときのインパクト(影響)との積(以下単に、「積」)で表されるものである。そして、それを正しく認識するためには統計的な解析が欠かせない。

　だが、リスクについては、専門家は発生の頻度と影響の両方に注目する傾向があるのに対し、多くの人は損害の頻度か影響のどちらかのみを重視する傾向がある。一方で、リワードについては、専門家はその頻度と影響の両方に注目するのに対し、ほとんどの人はその積のみを重視する。私たちの脳が現実世界を必ずしも正しく認知するとは限らないゆえに、こういったことはいたしかたがないことではあるが、結果として、いびつなトレード戦略をそれと知らずして使用していることになりかねないのである。

本書で紹介されたような分析をトレード戦略の実行フローの各段階で行うことによって、こうした意図せざるバイアスを避けることができるだろう。リスクに関して言えば、私たちはペリル（インシデントの発生）をコントロールすることはできないが、ハザード（リスクの潜在的背景）に対するイクスポージャー（露出）をコントロールすることは可能である。資産運用において起こる悲劇のほとんどはこれを適切に管理すれば避けることができる。逆に言えば、その概念をリワードに応用すれば、効率的な利益の上げ方も同様に見いだすことが可能なはずである。本書が、自分のトレード戦略の改善を試みる読者のための一助となることを願うものである。

　翻訳にあたっては以下の方々に心から感謝の意を表したい。翻訳者の山下恵美子氏は丁寧な翻訳を実現してくださった。そして阿部達郎氏にはいつもながら丁寧な編集・校正を行っていただいた。また本書が発行される機会を得たのはパンローリング社社長の後藤康徳氏のおかげである。

2012年9月

長尾慎太郎

監修者まえがき　1

The Trader's Advantage シリーズより本書出版に寄せて　7

はじめに　11

第1章　アイデア　15
　経験　17
　ルール　19
　データ　20

第2章　MAEとは　23
　逆行と順行　27
　　MaxFEとMinFE　27
　損切りの微調整　32
　計算例　35

第3章　MAEのグラフ化　39
　データの収集　39
　度数図　44
　　損切りとドテン　47
　　ビンの大きさはどれくらいが適切か　50
　　売りと買い　52

第4章　ビンごとの利益の算出　　　　　　　　　　53
　トレードオフ問題　53
　利益曲線　54
　グラフの解釈　58

第5章　ボラティリティの変化による影響　　　　　61
　微調整　61
　　損切りの位置を変更させるものは値幅か、それとも
　　　　ボラティリティか　61
　　値幅とボラティリティ　63
　　値幅の20日移動平均との比較　67
　　仕掛け日における値幅の20日移動平均との比較　72
　　MAEと仕掛け日の値幅　77
　　問題はまったくないのか　80
　まとめ　85

第6章　連続逆行が及ぼす影響　　　　　　　　　　87
　資産の保全　87
　特定のトレーディング戦術に対する影響　88
　　連敗の頻度　90
　　計算方法　93
　　もっと保守的な基準　94
　　トレードを始めてすぐに大きなドローダウンが発生す

る確率　96

　有意性　99

キャンペーン・トレーディングに対する影響　101

　相関のある資産曲線　104

賭け戦略に対する影響　111

まとめ　111

第7章　マルティンゲール　113

単純なマルティンゲール　115

複雑なマルティンゲール　117

原油のマルティンゲール　122

第8章　トレーディングの管理　129

ポートフォリオの影響　129

日々のトレーディング　130

詳細　135

　通常の経路　135

　勝ちトレードと負けトレードを定義し直す　135

　関連するインディケーター　136

　終値の使用　136

まとめ　137

付録A ── MAEの計算	139
付録B ── MaxFEの計算	145
付録C ── MinFEの計算	149
付録D ── 度数分布の作成	153
付録E ── 売りと買いのMAE	159
付録F ── 利益曲線の計算	163
付録G ── 値幅とボラティリティ	171
付録H ── 値幅の拡大と縮小	177
付録I ── マルティンゲール	183
付録J ── マルティンゲールのトレーディングキャンペーンへの応用	189

The Trader's Advantageシリーズより本書出版に寄せて

　The Trader's Advantageシリーズは、先物、オプション、株式市場をはじめとする世界中の経済市場を活動の場とするトレーダーやアナリストたちに役立つ書籍を出版しようという新しいコンセプトに基づくものである。本シリーズの特徴は、各書籍がそれぞれひとつの概念にのみ焦点を当てている点である。内容を理解するのに必要な基礎的情報以外は、長々とした前置き、先物取引、清算会社、発注といった用語の定義などは一切省き、論題のみを集中的に議論する構成になっている。

　先物・オプション業界はすでに揺籃期を脱し、成熟期に入ろうとしている。つまり、開拓者としての役割りを終え、最もアクティブな世界市場の中心的存在へと変貌しつつあるということである。通貨市場におけるEFP（現物と先物のポジションを交換する）取引の導入によって、現物市場も先物市場も当事者にとって利便性の高いものになると同時に、先物市場は世界の穀物の正式な値決めの基準に使われるようになった。株式ポートフォリオのヘッジ、クロスレートの設定、スワップ取引、インフレ指数連動債の購入も、今やトレーダーや投資マネジャーは電話1本で実行可能だ。古くから存在した制度間の違いもほとんど消えつつある。

　しかも、これはほんのプロローグにすぎない。伝統的なオープンアウトクライ市場にも電子の波は確実に押し寄せ、今では、ピットでの取引から事後処理に至るまでのすべてがコンピューターで処理されている。「プログラムトレーディング」は、コンピューター化されたティッカーテープを分析し、自動的に売買を執行する手法であるが、これもまた避けることのできない変革プロセスの氷山の一角にすぎない。

注文執行がすべてコンピューター化され、執行に関してだれも叫ぶ必要がなくなる日は、もう目の前まで来ている。やがては、ピット取引がすべてなくなる日がやって来るだろう。

　市場の変革に伴って、市場関連の書籍もまた進歩した。しかし、トレーディングについて書かれた書籍の多くは入門書の域を出ない。高度な読者向けに書かれたものさえ、取引についての細々とした記述や市場のメカニズムについての説明を含むものが多い。経験豊富なプロのトレーダーやアナリスト向けの内容に焦点を絞り込んだ書籍が少ないのが現状だ。こういった状況のなか、The Trader's Advantageシリーズはまさに彼らの待ち望んだ書籍を提供するものである。

　本シリーズの書籍はすべて、その道のプロと優れたリサーチアナリストの手によって書かれたものだ。内容は主として先物、現物、株式の各市場を対象とするものだが、価格予測にも応用可能である。本シリーズで扱う題材にはトレーディングシステムと各種テクニックも含まれるが、これらはすべて、価格予測とトレーディング技術を磨くうえで不可欠なものばかりであるため、本シリーズに含めた。

　クリエイティブで最先端の内容を扱う本シリーズは、新しいテクニック、既存のトレーディング手法の徹底分析、未解決問題への新たな取り組み方を提示するものである。本シリーズでは、概念は明確で分かりやすく説明し、例題と図表をふんだんに取り入れるという一貫した姿勢が貫かれている。また、不必要な基礎的資料を含んでいないため、ボリュームは抑え気味で、要点を明確に述べているのがシリーズ全体の共通点である。読者には注意深い読みと考察が求められるが、本シリーズを読破することで、市場分析と市場予測のあらゆる分野に対する理解は、類書とは比較にならないくらい高まるだろう。

　物事を深く洞察する天賦の才がないかぎり、トレーディングで成功するには相当の努力が必要だ。誇れる実績を持つ人々は、政府が発表する指標・統計・報告書に対する市場の反応、市場ボラティリティの

変化、市場の動く速さ、市場間の関係、１日を通して流動性の低下する時間帯などについて長い時間をかけて研究・学習したからこそ、そういった実績を上げることができたのである。成功するトレーダーはこうした絶え間ない努力の結果として、無数のパターンのなかから利益の出るパターンを見つけだし、利益を上げることができるのである。

　こうした努力のなかから彼らが得た最も重要な「洞察」は、おそらくはリスクを理解することの重要さではないだろうか。市場で取るどういったポジションにもリスクは付き物だ。リスクを表すのによく使われる尺度は価格変動（ボラティリティ）だが、各トレーディングスタイルやシステマティックなアプローチはそれぞれにリスクに対する独特のエクスポージャーパターンを持つ。例えば、ロングポジションを何カ月にもわたって保有することが多い長期トレンドフォローシステムは、数時間で仕掛けと手仕舞いを繰り返すデイトレーディングよりも１トレードにおける潜在的利益も損失も大きい。しかし、勝ちトレードと負けトレードの現れる順序によって資産曲線は大きく違ってくる。買いや売りのルールを設けるとき、そのトレーディング手法特有の価格の逆行パターンというものを理解しなければならない。こうしたリスクを調べ、管理することが重要なのである。リスク管理なくして生き延びることは不可能だ。

　ジョン・スウィーニーは、過去に現れ、将来的にも再び現れることが予想される、われわれを悩ますこうした大きな価格変動を「最大逆行幅」と名づけた。実際のパフォーマンスが予測されたものと異なるのは、こうした資産のドローダウンによるところが大きい。実際のドローダウンが予想されたものよりも大きければ、理論的にいかに優れたプランでも見直しが必要になる。資産変動を現実的かつ実用的に評価するうえで役立つのが価格の逆行であるとジョン・スウィーニーは言う。価格の逆行を評価することは簡単にできるうえ、徹底した評価を行うことでリスク管理のためのルールを作成することができる。し

たがって、パフォーマンスの大幅な改善が期待できるというわけだ。

どのトレーディング手法にもそれぞれに独特の価格の逆行パターンというものがある。こうしたパターンを体系的に調査することで、それぞれのトレードに投下すべき資金額が分かり、さらには損切り水準、つまりそれぞれのトレードで取るべき最大リスクも分かる。一連のトレードに対する逆行パターンを見つけることができれば、パフォーマンスの大幅な改善につながる。さらにジョン・スウィーニーはこの概念を一歩進め、利益や損失が出たあとで投資額の大きさを変えることでトレーディングプログラムのリターンやリスクを改善するための方法についても論じている。

本書ですべてのトレーディング手法を取り上げることは不可能だが、読者は本書で学んだツールと理解したことをもとに自らの手法を検証することができる。また、巻末には付録としてエクセルコードや実例も豊富に提供されている。ワークブックとして本書と並行して使ってもらいたい。

本書の素晴らしさは、資産の逆行や順行という概念を秩序立ててまとめ、その評価方法を分かりやすく示している点にある。簡単で理解しやすい方法で示すことほど読者にとってありがたいことはない。ステップバイステップで分かりやすく書かれた本書を読み終えるころには、自分のトレーディング手法の資産の逆行スイングを注意深く評価することがどれほど重要で利益に結びつくものであるかが理解できているはずだ。

ペリー・J・コーフマン（バーモント州ウエルズリバーにて）

はじめに

　本書は損失についての本である。こう言うと読者のみなさんは、あぁ、また損失についての本か、と退屈に感じるかもしれない。しかし、リスク、すなわち損失は恐怖心と切り離せないものであると同時に、パフォーマンスの向上、ひいてはキャリアの構築につながる重要な概念であることを忘れないでもらいたい。本書は主として投資委員会や管理者と渡り合わなければならない人々、つまり物事がうまくいかなくなれば説明する義務がある人々を対象に書かれたものである。

　こうした人々にとって、本書はリスクを評価し損失を最小化するための斬新な方法を手に入れるためのうってつけの書となるはずである。先物の世界はゼロサムゲームである。勝者がいれば、それに対する敗者が必ずいる。これに対して市場そのものが成長する株式トレーダーは楽かもしれない。だれもが勝者になれるからだ（全員が敗者になることもあるが）。しかし、先物ゲームは株式ゲームとは違って厳しい（「ゲーム」という言葉が重要）。私が勝てば、あなたは負ける。しかし手数料や「スリッページ」を計算に入れれば、私たちはどちらも敗者である。

　こうしたトレーディング環境や数学理論から言えば、勝つための鍵は最大損失を最小化することであることは容易に察しがつく。どういったトレーディングの格言についても言えることだが、問題はどれくらいの大きさであればよいのか、である。最大損失を数値化するにはどうすればよいのだろうか。本書ではこれを解説していく。本書が斬新というのはこういう意味である。

　まずは物事を定量化するために、いつも使っている自分のトレーディング手法の結果を見てもらいたい。樹皮や枝ばかり見る人は、森の動きを見逃している可能性がある。少なくともビジネスサイクルの小

さな風に振り回されている可能性が高い。詳細な日記を付け、それを読み返す習慣のない人は、仕掛けたあとの市場の動きに規則性があったとしても、おそらくは気づかないだろう。仕掛けたあとの状況はそれぞれに異なる。状況をきちんと把握し賢くトレードする人が大金を儲けられるのはそのためだ。

　行動を起こそうとするときにいつも規則的なパターンが発生するはずがないではないか、とあなたは思うかもしれない。しかし、損切りすべきときを第六感ではなく客観的に知ることができるとしたらどうだろう。プロテクティブストップを置くべき時期を客観的に知ることができるとしたらどうだろう。利食いすべき時期を客観的に知ることができるとしたらどうだろう。もしこれらがすべて可能だとしたら、あなたがやるべきことは自分のプランを正しく実行するだけである。

　マネジメントの面から言えば、あなたのトレーダーが賢明なトレーダーなのか単なる幸運にすぎないのかを評価する方法があったとしたら？　最良で最も賢明なトレーダーを追い込んで働かせることなく、一貫して勝ち続ける方法があったとしたら？　客観的なパフォーマンス基準を設定し、トレーディングスタイルや手法に基づき必要な資金額を算出し、避けることのできない損失が標準的なものなのか異常なほど大きなものなのかを評価することができたとしたら？

　本書で紹介するのはこうしたことを可能にする方法である。しかし、こういった方法はタダでは手に入らない。市場の振る舞いを綿密に調べ、難しいツールを使わなければならない。本書では意思決定をするときに起こること、つまり市場の振る舞いの結果としてわれわれのポジションがどうなるのか、に注目する。つまり、「われわれがそれをし続ければ、市場はどうなるのだろうか」ということである（これは、「われわれがそれをし続ければ、利益を出すことができるのだろうか」とは異なることに注意）。今日こう聞かれれば、「分からない」「市場はランダムだから成り行きに任せるしかない」、あるいはもっと悪い

第 *1* 章

アイデア

The Idea

　先史時代のアフリカ——あなたは水場にやってくる動物たちを狩るハンターだ。夕暮れのほこりが舞う大地は北からの風が涼しい。何千というシマウマの群れが南から水を求めて、広大でなだらかな谷をゆっくりと渡ってくる。あなたは仲間たちと風下の茂みに隠れて狩りの機会を狙っている。しかし、そこはシマウマたちがこれから進もうとする方向だった。

　あなたはお腹がペコペコで、家族も腹をすかせている。木の根や虫やわずかばかりの果物や木の実だけではこの残暑を乗り越えられそうもない。だから、この狩りは絶対に成功させなければならない。

　しかし、狩りはたやすい仕事ではない。満足な槍や矢もない。動物と格闘してケガをする者もいる。少ない力を振り絞る。しかし、ハントしているはずが、逆にハントされてしまうこともある。疲労困憊するだけで獲物を捕らえられないこともしばしばだ。それは、シマウマのことを何も知らないからだ。

　シマウマの神々については言うに及ばず、あなたは彼らの生理、心理、活動期、それに彼らの思考様式についてさえ何ひとつ知らない。だからシマウマが何をしようとしているのか、あなたには皆目見当もつかないわけである。北に向かって進んでいたシマウマが何かに驚いて突然向きを変えて、谷に沿って南に向かって走りだした。大きな弧

を描きながら谷を南向きに駆け上がりまた下っていく。ハンターに襲いかかってくるかもしれない。

　それでもあなたは狩りに出なければならない。シマウマたちが何かに驚いて西から、北西から、北東から、東から同時に走りだすのかどうか、向きを変えて一直線に谷を下るのかどうか、今日、あなたは賭けをしなければならないのである。彼らは何かに驚いて走りだしても、追われなければ何百メートルかそこら走ったら速度を落とし、四方八方に散らばる。そこであなたたちははぐれたシマウマを周りから追い込んで仕留めることができる。経験があればこれが分かる。

　たとえ狩りがうまくいったとしても、暗闇のなか、仕留めたシマウマをライオンやハイエナたちに横取りされずに家に持ち帰ることは困難な仕事だ。それでもあなたは狩りをやめるわけにはいかない。

　トレーダーとしてのあなたの立場はハンターと同じだ。チームでやるにしても、単独でやるにしても、市場の理論を理解する必要がある。シマウマの群れ（市場）が何をしようとしているのか知らなければならないし、今が乾期で風がどの方向から吹いているのかも知らなければならない。群れを解いて歩きだすときにはどの方向に進むのかも知らなければならないし、何かに驚いて走りだした動物がどれくらいの距離を走り、恐怖が去れば群れを解いてあちこちに動きだすことも知らなければならない。

　知識がなければお金を稼ぎだすことはできない。もっと良いアイデアはないだろうか。トレーディングは口頭伝承されるものであり、驚くほどの大金をリスクにさらす割には、正式な資格は必要としない。トレーディングを学んでいけば、多くの格言（「損失は小さく抑えよ」「オーバートレードはするな」などなど）に出くわし、アイデアを持った多くの人を知り、本書のような本にも出くわすと思うが、理論はこれらとは違う。

　科学的手法においては、観察結果から因果関係について条件付き仮

説を立て、その仮説を検証した結果として得られるものが理論である。正しく設計された検証によってその仮説の正否を調べる。正しいという結果が得られた場合、さらなる仮説を立て検証を続ける。一方、間違っているという結果が出た場合、その仮説を見なおし再び検証を行う。こうしたプロセスを経てようやく理論が形成されるのである。

　こうしたプロセスが市場の振る舞い（市場に関する研究については、アリゾナ大学の研究教育経済研究所のバーノン・スミスらの研究を参照してもらいたい。また、比較的新しい研究分野である行動経済学のウエブサイトも参考にしてもらいたい［http://www.sas.upenn.edu/~rrottgen/finpsy.html］。本書執筆の時点では古典的な市場理論における例外的事象についてはあまり研究が進んでいなかった。例えば、リターンに対するベータの説明力は今では疑問視されており、市場参加者たちの過剰反応が認知されるようになってから研究者たちはリターンを決定する要因は時価総額とビジネスの安定性であると考えるようになった）、つまり制約のない自由市場における各種グループの振る舞いに適用されるようになったのは比較的近代になってからである。その結果分かったことは、市場の動きや反応に対してわれわれがいかに無知であるかという事実だった。われわれ市場関係者は今ようやく科学的手法の第一段階――観察――にたどりついたばかりである。

経験

　市場を観察することは経験につながるが、真の経験は実際にトレーディングをすることでしか得ることはできない。行ったトレードを頭のなかに記憶しておく人もいるし、日記に記録する人もいる。また、データベース化する人もいる（トゥーシャー・シャンデの$ecure［シャンデ・リサーチ・アンド・トレーディング社］はトレーダーの行動

をトラッキングするためのソフトで、トレーディング日記機能だけでなく、日記に記録すべき要素のチェックリスト機能も持つ)。トレーダー、エコノミスト、アナリストの間で、また世界を相手に議論することも経験につながる。なぜならこうした議論を通じて、経済や市場や自分のトレード対象に対して明確な意見・考えというものが構築されていくからだ。理想的には、トレーダーは自分の考え方、トレードとその結果を記録するのが望ましい。「犯した過ち」や「成功」を記録し続ければ、そのなかから何かを学ぶことができるはずだ。ところが、こうしたことを記録しているトレーダーは少なく、経験はただ脳裏に記憶されるだけである。物理的に記録する習慣のない者が負けトレーダーの仲間入りをするのは言うまでもないだろう。

　こうした悪習を正し、結果を統計学的に記録することを習慣づけてほしい。トレーディングルールを客観的に定め、自分の将来の行動を決めるうえで役立つ結果が得られるかどうかをチェックしてほしい。つまり、意思決定を行ったあと、市場は規則正しい動きをするかどうか、ということである。行ったすべてのトレードが勝ちトレードになる人はいないため、これは判断が難しいかもしれない。しかし、1つだけはっきりしていることがある。それは、水場でシマウマの群れを驚かせて自分たちにとって狩りがしやすい状況を作るように、優れたトレーディングルールは市場の典型的な「反応」を生みだすことができるということである。言い換えるならば、シマウマの群れと同じように、市場の振る舞いからは、将来的に起こることをおおよそではあるが知ることができるということである。

　シマウマの群れが逃げるのではなくあなたに向かってきたら、あなたの夢は打ち砕かれる。群れを追うどころか、いまや逃げるのに必死だ。できればケガはしたくない。あなたには常に判断が求められる。群れを脅かすとき、あなたは危険にさらされている。逃げるのかあなたに向かってくるのかは彼らの側の判断による。だから、いつ何時向

かってこないとも限らない。ハンターは常に危険と隣り合わせで、進むべきなのか、命を守るために逃げるべきなのかの判断が常に求められるのである。

トレーディングもまったく同じである。ポジションを持ち続けるべきか、手仕舞うべきかの判断が常に求められる。市場はシマウマの群れのように常にあなたの前で動いている。そして、あなたよりもはるかに巨大だ。市場は仕掛け位置からあなたに有利な向きに動くかあなたに襲い掛かるかをいつ決断するのか。あなたはそれを見極めなければならないのである。

取引所ではピットに注文が次々と入ってくる。フロアは喧騒に包まれ、人々の叫び声が行き交う。一方、フロアの外にいるあなたにはテープがあり、自分のオーダーフローがあり、電話があり、チャートがある。記録装置からの情報か、取引所の報告システムからの情報かの違いだけである。いずれにしても、知りたいことは群れがどれくらいまで近づいてきたか、である。あなたがこれを常に監視するのは、群れがあなたに襲いかかろうとしているのか、あなたから逃げようとしているのかを知るためだ。ある地点を過ぎれば、群れはおそらくはあなたに襲いかかろうとするが、その地点まで近づかなければ群れはあなたから逃げていくだろう。

ルール

一般に、良いトレードはあなたに不利な方向にそれほど大きく動くことはないが、悪いトレードはあなたに不利な方向に大きく動く。もちろん勝ちトレードでも大きく逆行したあとで有利な向きに反転するときもあるが、一般的にはどうなのだろうか。

あなたのトレーディングルールに一貫性があり、良いトレードと悪いトレードを識別できるものであれば、経験を積むに従って、良いト

レードであればそれ以上は逆行しないという地点が分かってくる。つまり、損益分岐点となる逆行幅というものを測定できるようになるということである。ある地点まで逆行したら、ポジションを手仕舞うか、手仕舞ったあとドテンするかしなければならない。

本書では、価格の順行・逆行は仕掛けポイントから測定する。仕掛けポイントから測定することで、支持線や抵抗線、バリューポイントといったチャート上の古い情報とは決別して、絶えず変化する大海原のなかでの出発点を知ることができる。投機トレーディングでは、われわれの手元にある情報は仕掛けポイントと手仕舞いポイントだけである。したがって、仕掛けポイントや手仕舞いポイントは参照点となる。われわれは顧客のポジションに向かい玉を建ててトレードするわけではなく、オーダーフロー、国債の発行、原材料や製品の在庫を見ることもない。こうした価値基準はテクニカルな投機家にとっては無意味なのである。われわれ投機家にとって意味があるのは自分の価格だけである。その価格を受け入れるか却下するかだけなのである。われわれの力量が判断されるのがわれわれが用いる価格であることを考えれば、価格に意識を集中させるのは当然だろう。

シマウマの群れの例えで言えば、群れが逃げ出すか向かってくるかの境界線がどこになるのかを見極めるということになる。この分析については本書でこのあと詳しく説明する。キャンペーン・トレーディングにおけるこのテクニックの使い方については前著『キャンペーン・トレーディング（Campaign Trading）』を参照してもらいたい。本書では各トレードのブレイクポイントの見つけ方の基本をしっかりと身につけてもらいたい。

データ

本編に入る前にもうひとつ述べておかなければならないことがある。

本書で用いるデータは1995年中旬に前著『キャンペーン・トレーディング』のために作成したものである。そのひとつが1983年10月から1994年10月までの11年間の原油の先物価格である。どういったデータをどのように収集したのかについては前著を参照してもらいたい。データは先物トレーディング特有の方法で処理されており、長期トレードを対象とする株式投資家はチャートの連続性については気にする必要はない。

　先物チャートは限月交代の際に価格差が生じるが、長期にわたって連続性を持たせるために、最も取引の多い期先の価格をつなげてチャートを描いた。したがって、限月間の実際の価格差は反映されているものの、価格そのものは実際の価格とは異なることに注意してもらいたい（『キャンペーン・トレーディング』で使用したチャートは日々の実際の価格差が反映されている）。

　私はトレーディングでは日足データを用いる。日中データを使ったことはないが、本書では週足データも使っている。

第2章

MAEとは

Defining Max Adverse Excursion

　将来の価格がどうなるのかを今日の価格を基に考えてみよう。あなたは今、ある地点に立っている。前方を見渡すと濃度の異なる灰色の雲が動いている。雲を構成する小さなドットは取り得る価格を表している。雲には濃い部分と薄い部分がある。雲の塊は全体的に黒っぽいが、ドットは新しい情報や新しい感情が市場とその参加者に入り込むたびにその位置が移動していく。ドットが集中する部分と比較的少ない部分があり、ドットが集中する部分は価格がその値を取る確率が高いことを示し、少ない部分は価格がその値を取る確率が低いことを示している。

　われわれが注目するのは雲の端部である。取り得る価格のかたまりを明日の足とするならば、その端部はその日の高値と安値に相当する。つまり、価格がわれわれの逆指値注文や指値注文に達する地点ということである。われわれが知りたいのはこの取り得る価格のかたまりの移動によって価格がわれわれの逆指値価格に達する可能性があるのかどうかである。

　取り得る価格の移動、つまり最も黒い部分から端部に向かって逆行する、あるいは順行することを統計学用語で期待値からの変動という。

　将来の任意の日の順行幅や逆行幅をぴったりと言い当てることは実際には不可能だ。過去の動きを見ておおよその逆行幅や順行幅を推定

することしかできない。この難しい点は、順行や逆行をいつから測定すればよいかである。昨日（あるいは一昨日、2日前、n日前）から毎日測定しても規則性は見いだしにくい（しかし、不可能というわけではない。クリフォード・J・シェリーの『ザ・マセマティクス・オブ・テクニカル・アナリシス［The Mathematics of Technical Analysis］』を参照のこと）。しかし、特定の時点から測定すれば、パターンを見いだすことができるかもしれない。例えば、トレードにおいて極めて重要な仕掛けポイントから測定する、といった具合だ。

さらに、仕掛けは自分のトレーディングルールにのっとって行うことが重要だ。トレーディングルールには当然ながら手仕舞いルールも含まれる。仕掛けや手仕舞いのルールはできるだけ客観的なものにするのが望ましい。客観的でなければ、結果や本書で述べるテクニックに規則性を見いだすことは難しくなる。仕掛けポイントからの順行や逆行を測定する場合、仕掛ける位置と手仕舞う位置を特定するためのルールを「事前に」厳密に設定しておくことが大前提となる。

とはいえ、これまでこれといった絶対的なルールは見たことはなく、ランダムなルールのほうが良い場合もある。

結局、あなたが知りたいのは仕掛けた位置からどの向きにどれくらい動くかである。あなたの逆指値や指値に達する逆行や順行をあなたは知りたいわけである。本書では特に損切りに焦点を当てるが、仕掛けた位置からの逆行・順行はほかの仕掛け、仕掛け直し、手仕舞いに関する情報も提供してくれる（詳しくは『キャンペーン・トレーディング』を参照のこと）。仕掛けポイントはあなたが明確な態度を示した場所である。したがって、価格の取り得る可能性を測定する位置としてはここが妥当ということになる。つまり、仕掛けポイントは絶えず変化する市場の足場になるのである。**図2.1**は標準的な価格チャートを示している。この価格チャートの逆行・順行を測定したものが**図2.2**である。

図2.1　一般的なチャート

図2.2　順行幅・逆行幅を価格ではなく仕掛けポイントからの損益として測定したもの（ただし、取引コストは含まれていない）

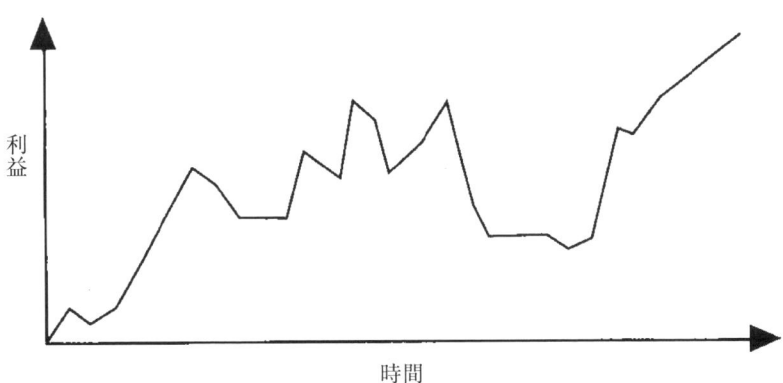

図2.3　一貫した順行（仕掛けから順行なら順行、逆行なら逆行と一貫しているのが理想的）

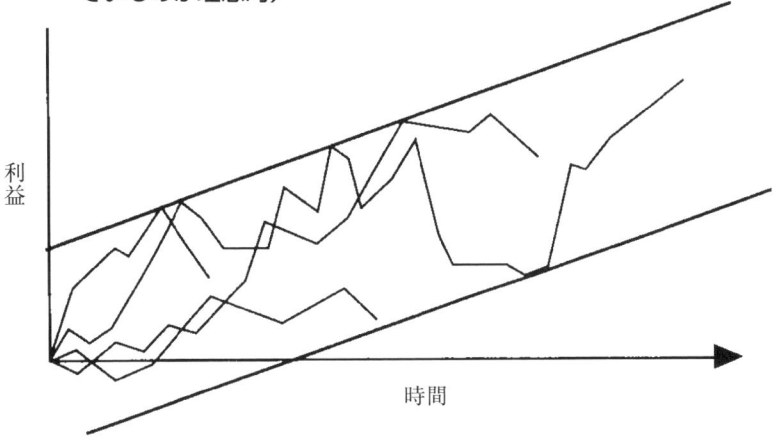

図2.4 勝ちトレードが多い場合、利益は図2.3のように上昇トレンドになるのが特徴的だが、負けトレードが多い場合、突出した勝ちトレードがある、順行と逆行に一貫性がない、終盤に行くに従って損失が急激に大きくなるという特徴を持つ

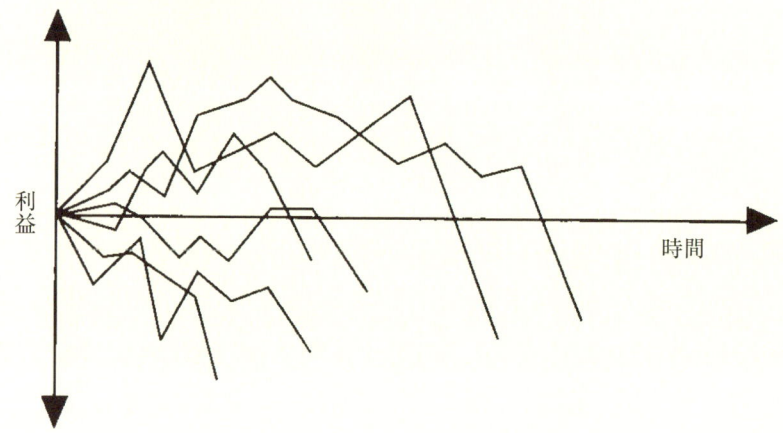

　どこで仕掛けたのかや、売り・買いとは無関係に価格が仕掛けポイントから規則的な動きを示したとするとどうだろう。ワクワクするのではないだろうか。その場合、あなたのトレーディングルールには将来を見極める力があるということになる。これを示したものが図2.3である。
　実際には、どんなルールでも勝ちトレードになるものもあれば負けトレードになるものもあり、その比率は選んだルールによって異なる。一般に、勝ちトレードの多いチャートは図2.3のようになり、負けトレードの多いチャートは図2.4のようになる。
　順行・逆行は仕掛けポイントからの価格変動を一定時間ごとに測定したものであり、週足、日足、時間足、分足と、どういった時間枠で測定してもよい。われわれが知りたいのは、売り・買いにかかわらず、仕掛けからの順行・逆行に規則性があるかどうかである。一定のパターン・規則性があれば、物事が順調に進んでいるのかいないのかを見極め、それに基づいて次にどういったことが起こる可能性があるのか

を予測し、それをトレードに利用することができる。

逆行と順行

　価格があなたのトレードと逆方向に動くことを「逆行」と言う。逆行とは、任意のトレードにおいて価格が損失を出す方向に動く値動きのことをいう。本書で用いるMAE（最大逆行幅）は「Maximum Adverse Excursion」の略で、任意のポジションにおいて価格が損失を出す方向に最も大きく動いた幅のことを意味する。

　逆行幅・順行幅という概念を用いるときに最も重要なのは時間枠である。仕掛けたあと手仕舞う時期を決めずにいつまでも持ち続けるのであれば、価格がどうなろうと気にする必要はないわけである。トレードに期限を設けるためには、トレーディングルールには仕掛けルールだけでなく手仕舞いルールも含めなければならない。こうすることで、値動きを分析する期間も設定することができる。

　一方、価格が利益を出す方向に動く値動きを順行という。順行には最大順行幅（MaxFE）と最小順行幅（MinFE）がある。それでは詳しく見ていこう。

MaxFEとMinFE

　逆行幅とは、仕掛けたあと手仕舞うまでの間に価格が損失を出す方向に最も大きく動いた幅とゼロのうち大きいほうをいう。例えば、買った場合は次の式で求めることができる。

$MAE_{買い}$ = MAX[0, (仕掛け値 − 仕掛けたあとに付けた最安値), 前のMAEの値]

ただし、MAXは最大値を求める関数で、ここではゼロと計算した差の絶対値と前の値のうち大きいものが求める値になる。売った場合は次のようになる。

MAE$_{売り}$ = MAX[0, (仕掛けたあとに付けた最高値 − 仕掛け値),
　　　前のMAEの値]

ゼロより小さいものは負数しかないことに注意しよう。次に、最大順行幅を見てみよう。買った場合は次の式で求めることができる。

MaxFE$_{買い}$ = MAX[0, (仕掛けたあとに付けた最高値 − 仕掛け値),
　　　　前のMaxFEの値]

売った場合は以下のとおりである。

MaxFE$_{売り}$ = MAX[0, (仕掛け値 − 仕掛けたあとに付けた最安値),
　　　　前のMaxFEの値]

最後に最小順行幅を見てみよう。買った場合は次の式で求めることができる。

MinFE$_{買い}$ = Max[0, (仕掛けたあとに付けた最も高い安値
　　　　　− 仕掛け値), 前のMinFEの値]

売った場合は以下のとおりである。

MinFE$_{売り}$ = MAX[0, (仕掛け値 − 仕掛けたあとに付けた最も安い高値),
　　　　前のMinFEの値]

図2.5　上は、MAE買いの例（寄り付きで仕掛けたあと価格は上昇するが、仕掛けから手仕舞いの間に1日だけほかの日よりも大きく下げた日があり、この日の安値がこのトレードのMAEの計算に用いられる）
　　　下は、MAE売りの例（仕掛けた直後に大きく逆行するが、そのあとは下落して最終的には利益となり、仕掛け値とMAE価格との差の絶対値がこのトレードのMAEの値になる）

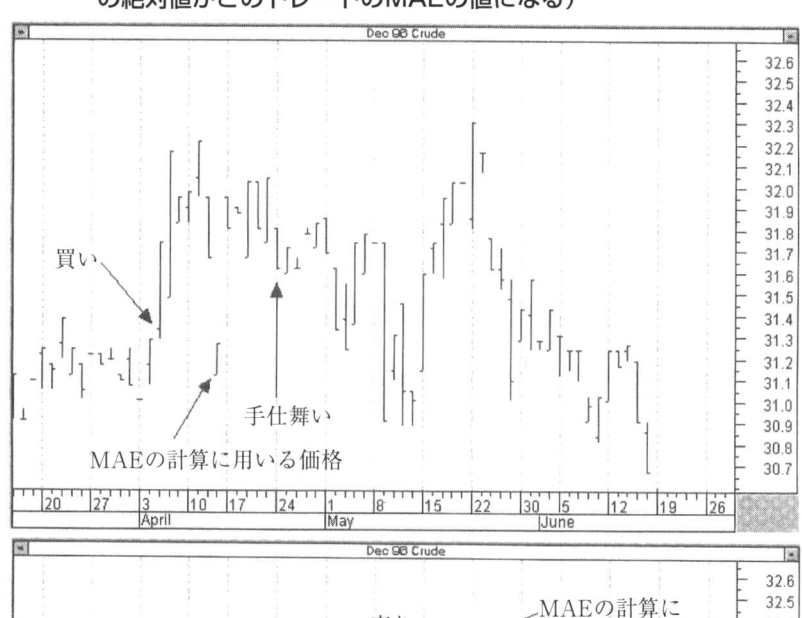

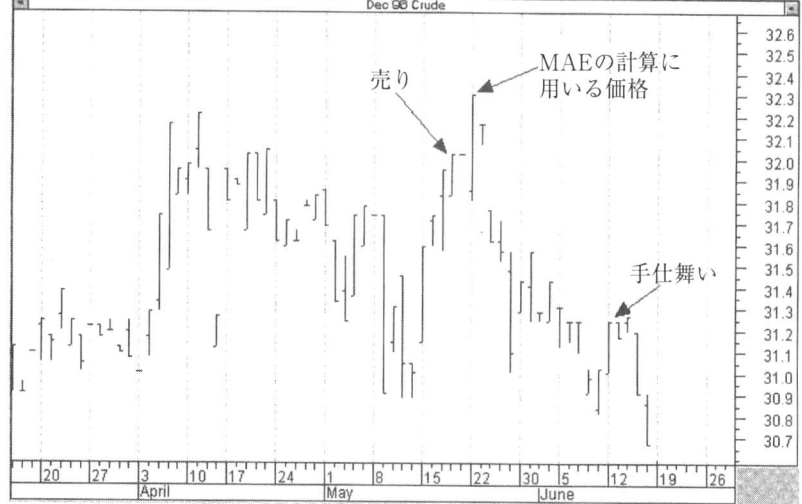

図2.6　上は、MaxFE買いの例（この原油の1991年中盤の長期トレードでは5月に付けた高値を7月中旬に上抜く。MaxFE価格と仕掛け値との差の絶対値がこのトレードのMaxFEの値になる）
　　　　下は、MaxFE売りの例（売ったあと価格は急落し48ドルまで下げ、そのあと50ドルまで上昇。52ドルの仕掛け値と48ドルで付けた安値との差がこのトレードのMaxFEの値になる）

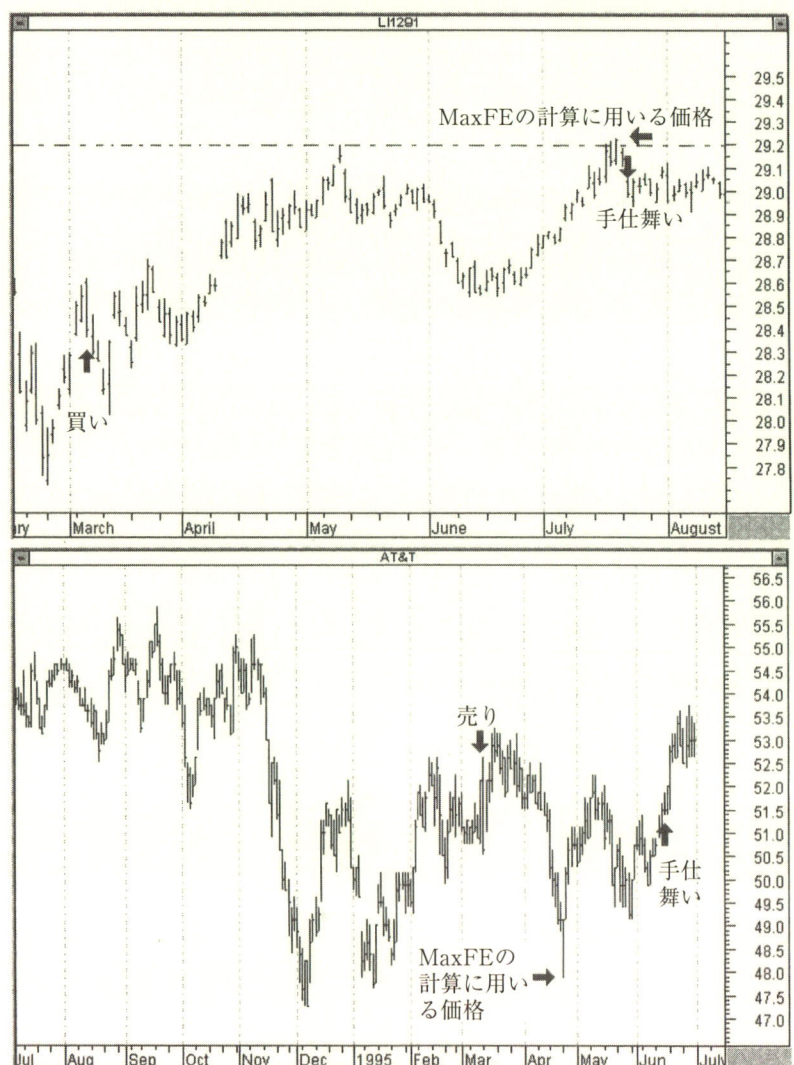

図2.7　上は、MinFE買いの例（1995年初めはナスダックは上昇し、それに伴ってMinFEも上昇。MinFEはMaxFEよりも優れた指標になることが多い）
　　　下は、MinFE売りの例（1994年初めはウェスティングハウスは28ドル以下まで下落し、このときMinFEの計算に用いる価格水準も下落。仕掛け値とMinFEの計算に用いる価格との差の絶対値が縮小していないことに注意）

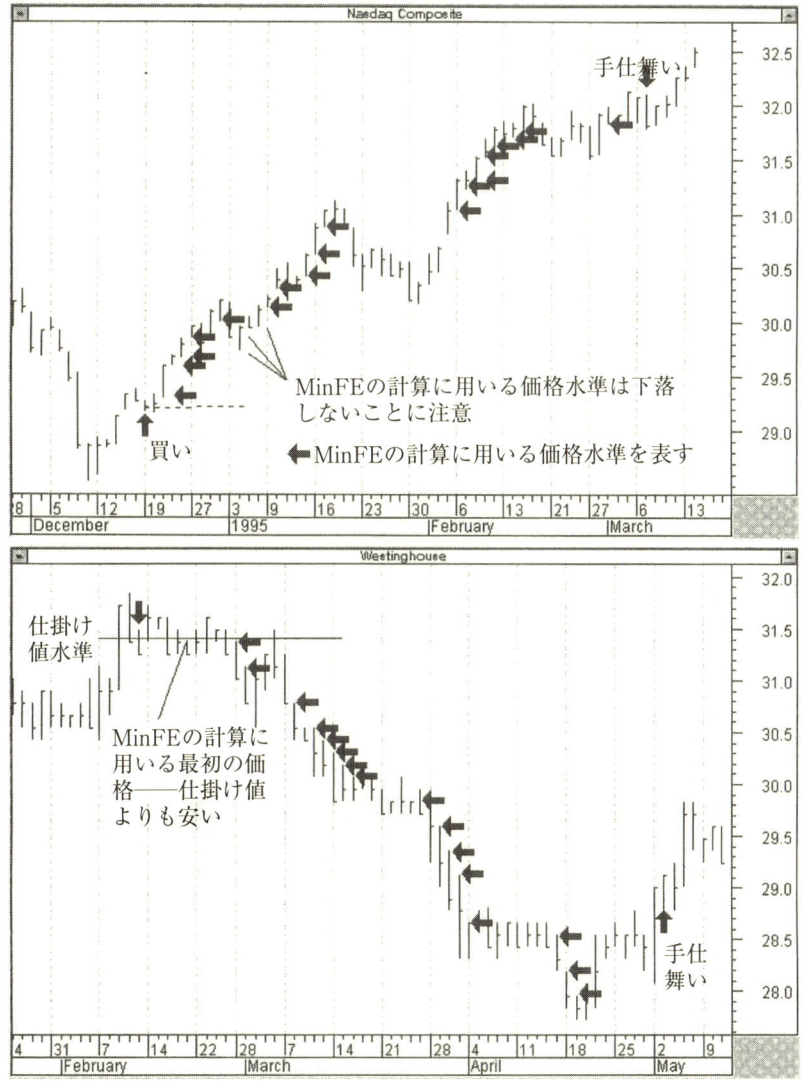

最大逆行幅の例は**図2.5**、最大順行幅の例は**図2.6**、最小順行幅の例は**図2.7**に示したとおりである。

　順行・逆行の概念は実例で見ると理解しやすい。順行・逆行は仕掛けポイントと高値・安値とをつないだ簡単なチャートで見ることができる。この概念で難しい点があるとするならば、順行・逆行グラフには必ず規則性が現れることを信じて観察し続けることができるかどうかである。仕掛けポイントからどれくらい動くかに一貫性があることを、どうも人々は信じることができないようである。

　仕掛け・手仕舞いルールには一貫性のないものもある。こうしたルールでは良いトレードと悪いトレードを見分けることは不可能だ。だから、順行幅や逆行幅に規則性があることを信じられない人がいても不思議ではない。まずは自分の目で見て確認することが重要である。ルールに規則性がない場合、ルールの見直しが必要だ。規則性がある場合、利益の出る戦略を構築できる可能性は高い。

　価格が利益の出る方向と損失の出る方向に最大でどれくらい動く可能性があるのかを調べるのが順行・逆行分析である。値洗い損益の最大幅を予測し、それを基に損切りを置く位置、指値を置く位置、最適な手仕舞い水準を決めるわけである。なぜなら、値洗いの変化が最大や最小になるのは価格変化の天井と底だからである。さらに、日中データがなければ、各足のなかで価格がどう動いているかを知ることはできない。入手できるデータには限界があるため、分かっていることを最大限に活用するしかないのである。とはいえ、日中の高値や安値では流動性に欠けることが多いため、公表される価格はおおよその目安にしかならないことに注意してもらいたい。

損切りの微調整

　「微調整」は分析上の小さな修正のことをいい、それほど重要なこ

表2.1 MAE買いの計算例（これは1994年7月11日の引けで18.94ドルで買って仕掛けたポジション。表の「仕掛け値」の欄の数字にマイナスがついているのは買うための資金が支出された［キャッシュアウトフロー］ことを示している）

日付	始値	高値	安値	終値	仕掛け値(18.94で買う)	MAEの計算式	MAE
7/12/94	19.15	19.28	18.93	19.09	−18.94	= MAX[0,(18.94 − 18.93),0]	0.01
7/13/94	19.08	19.26	18.81	18.96	−18.94	= MAX[0,(18.94 − 18.81),.01]	0.13
7/14/94	19.05	19.13	18.93	19.04	−18.94	= MAX[0,(18.94 − 18.93),.13]	0.13
7/15/94	19.00	19.01	18.85	18.85	−18.94	= MAX[0,(18.94 − 18.85),.13]	0.13
7/18/94	18.62	18.64	18.45	18.64	−18.94	= MAX[0,(18.94 − 18.45),.13]	0.49
7/19/94	18.48	18.75	18.43	18.75	−18.94	= MAX[0,(18.94 − 18.43),.49]	0.51
7/20/94	18.77	18.80	18.62	18.76	−18.94	= MAX[0,(18.94 − 18.62),.51]	0.51
7/21/94	18.66	18.93	18.64	18.87	−18.94	= MAX[0,(18.94 − 18.64),.51]	0.51
7/22/94	19.00	19.07	18.93	19.01	−18.94	= MAX[0,(18.94 − 18.93),.51]	0.51
7/25/94	18.89	18.95	18.78	18.85	−18.94	= MAX[0,(18.94 − 18.78),.51]	0.51
7/26/94	18.84	18.90	18.69	18.78	−18.94	= MAX[0,(18.94 − 18.69),.51]	0.51

とではないが利益を出すうえで極めて効果的な処理である。

　損切り水準を決めるとき、価格が任意のひとつの水準に到達するかどうかしか考えないのが普通だ。しかし、日中データの場合、損切り水準はもう少し細かく調整する必要がある。上下に微調整しながら最適な水準に絞り込んでいくのである。そのためにはティックごとの値動きを監視する必要がある。ほとんどのトレーダーはこれをやりたがらないが、完全に自動化したシステムで日中トレードをするトレーダーにとってこれは不可欠だ。

　価格が変化する速さが上昇と下落で異なることを知っている人は、買いと売り別にデータを分けて調整するとよい。1980年の終わりにT

表2.2 MAE売りの計算例（これは1993年12月21日の引けで15.12ドルで売って仕掛けたポジション。表の「仕掛け値」の欄の数字が正値になっているのは、売ったために資金収入があった［キャッシュインフロー］ことを示している）

日付	始値	高値	安値	終値	仕掛け値(15.12で売る)	MAEの計算式	MAE
12/27/93	15.32	15.32	14.86	14.90	15.12	= MAX[0,(15.32 − 15.12),0]	0.20
12/28/93	14.91	14.97	14.78	14.84	15.12	= MAX[0,(14.97 − 15.12),.2]	0.20
12/29/93	14.96	15.15	14.88	15.13	15.12	= MAX[0,(15.15 − 15.12),.2]	0.20
12/30/93	15.07	15.18	14.89	14.92	15.12	= MAX[0,(15.18 − 15.12),.2]	0.20
1/3/94	14.96	15.34	14.96	15.29	15.12	= MAX[0,(15.34 − 15.12),.2]	0.22
1/4/94	15.23	15.43	15.13	15.39	15.12	= MAX[0,(15.43 − 15.12),.22]	0.31
1/5/94	15.55	15.99	15.54	15.93	15.12	= MAX[0,(15.99 − 15.12),.31]	0.87

表2.3 MaxFE買いの計算例（買いポジションの上昇に伴い、MaxFEも上昇）

日付	始値	高値	安値	終値	仕掛け値(15.88で買う)	MaxFEの計算式	MaxFE
4/7/94	15.95	15.97	15.66	15.69	−15.88	= MAX[0, (15.97 − 15.88),0]	0.09
4/8/94	15.68	15.75	15.62	15.70	−15.88	= MAX[0, (15.97 − 15.88),.09]	0.09
4/11/94	15.70	16.05	15.68	15.96	−15.88	= MAX[0,(16.05 − 15.88),.09]	0.17
4/12/94	15.93	16.03	15.77	15.82	−15.88	= MAX[0, (16.05 − 15.88),.17]	0.17
4/13/94	15.86	15.96	15.76	15.90	−15.88	= MAX[0, (16.05 − 15.88),.17]	0.17
4/14/94	16.03	16.07	15.79	16.05	−15.88	= MAX[0, (16.07 − 15.88),.17]	0.19
4/15/94	15.92	16.40	15.85	16.36	−15.88	= MAX[0, (16.40 − 15.88),.19]	0.52
4/18/94	16.32	16.46	16.20	16.31	−15.88	= MAX[0, (16.46 − 15.88),.52]	0.58
4/19/94	16.15	16.23	16.04	16.04	−15.88	= MAX[0, (16.46 − 15.88),.58]	0.58
4/20/94	16.08	16.22	15.96	16.16	−15.88	= MAX[0, (16.46 − 15.88),.58]	0.58
4/21/94	16.10	16.37	16.04	16.36	−15.88	= MAX[0, (16.46 − 15.88),.58]	0.58

表2.4 MaxFE売りの計算例（最初はうまくいっていたが、次第に悪くなったのはMaxFEの値が小さくなっていないことから分かる）

日付	始値	高値	安値	終値	仕掛け値(15.12で売る)	MaxFEの計算式	MaxFE
12/27/93	15.32	15.32	14.86	14.90	15.12	= MAX[0, (15.12 − 14.86),0]	0.26
12/28/93	14.91	14.97	14.78	14.84	15.12	= MAX[0, (15.12 − 14.78),.26]	0.34
12/29/93	14.96	15.15	14.88	15.13	15.12	= MAX[0, (15.12 − 14.78),.34]	0.34
12/30/93	15.07	15.18	14.89	14.92	15.12	= MAX[0, (15.12 − 14.78),.34]	0.34
1/3/94	14.96	15.34	14.96	15.29	15.12	= MAX[0, (15.12 − 14.78),.34]	0.34

表2.5 これらの極値の最小値（1994年3月28日に売ったあと価格が上昇したため、MaxFEの値はゼロになる。これらの極値 [MAE、MaxFE、MinFE] はいずれもゼロを下回ることはなく、時間とともに縮小することもない）

日付	始値	高値	安値	終値	仕掛け値(14.33で売る)	計算式	MaxFE
3/28/94				14.33	14.33	−	
3/29/94	14.41	14.58	14.33	14.58	14.33	= MAX[0,(14.33 − 14.33),0]	0.00
3/30/94	14.55	14.67	14.43	14.65	14.33	= MAX[0,(14.33 − 14.43),0]	0.00

ボンドの価格を調べたことがあるが、MAEの変動はごく小さいものだった。

計算例

　このテクニックでは難しい数学は使わないが、理解を深めてもらうために表による例を見てみることにしよう。数学は苦手という人は多いと思うが、このテクニックでは高度な数学は使わないので気にする必要はない。ゼロ、新しく付けた高値・安値と仕掛け値との差、前の値とを比較するだけである。買いポジションに対する価格と関連する

表2.6 MinFE買いの計算例（MinFEの値は仕掛けた日から数えて8日目にようやくゼロを上回っていることから、15.88ドルで仕掛けたこの買いポジションは利益が出るまでに時間がかかっていることが分かる。最小順行幅がないトレードが多い）

日付	始値	高値	安値	終値	仕掛け値(15.88で買う)	MinFEの計算式	MinFE
4/7/94	15.95	15.97	15.66	15.69	−15.88	= MAX[0,(15.66 − 15.88),0]	0.00
4/8/94	15.68	15.75	15.62	15.70	−15.88	= MAX[0,(15.66 − 15.88),0]	0.00
4/11/94	15.70	16.05	15.68	15.96	−15.88	= MAX[0,(15.68 − 15.88),0]	0.00
4/12/94	15.93	16.03	15.77	15.82	−15.88	= MAX[0,(15.77 − 15.88),0]	0.00
4/13/94	15.86	15.96	15.76	15.90	−15.88	= MAX[0,(15.77 − 15.88),0]	0.00
4/14/94	16.03	16.07	15.79	16.05	−15.88	= MAX[0,(15.79 − 15.88),0]	0.00
4/15/94	15.92	16.40	15.85	16.36	−15.88	= MAX[0,(15.85 − 15.88),0]	0.00
4/18/94	16.32	16.46	16.20	16.31	−15.88	= MAX[0,(16.20 − 15.88),0]	0.32
4/19/94	16.15	16.23	16.04	16.04	−15.88	= MAX[0,(16.20 − 15.88),0]	0.32
4/20/94	16.08	16.22	15.96	16.16	−15.88	= MAX[0,(16.20 − 15.88),0]	0.32
4/21/94	16.10	16.37	16.04	16.36	−15.88	= MAX[0,(16.20 − 15.88),0]	0.32
4/22/94	16.47	16.76	16.33	16.74	−15.88	= MAX[0,(16.33 − 15.88),0]	0.45
4/25/94	16.62	16.91	16.55	16.87	−15.88	= MAX[0,(16.55 − 15.88),0]	0.67
4/26/94	16.81	16.89	16.53	16.59	−15.88	= MAX[0,(16.55 − 15.88),0]	0.67
4/28/94	16.48	16.58	16.37	16.40	−15.88	= MAX[0,(16.55 − 15.88),0]	0.67
4/29/94	16.38	16.65	16.25	16.63	−15.88	= MAX[0,(16.55 − 15.88),0]	0.67
5/2/94	16.64	16.97	16.64	16.83	−15.88	= MAX[0,(16.64 − 15.88),0]	0.76
5/3/94	16.76	16.80	16.57	16.64	−15.88	= MAX[0,(16.64 − 15.88),0]	0.76
5/4/94	16.68	16.88	16.55	16.57	−15.88	= MAX[0,(16.64 − 15.88),0]	0.76

表2.7 MinFE売りの計算例（売った翌日は価格は下落したが、そのあと上昇。MAX関数は最初の順行をとらえてから最後まで値が変わらない）

日付	始値	高値	安値	終値	仕掛け値(15.12で売る)	MinFEの計算式	MinFE
12/27/93	15.32	15.32	14.86	14.90	15.12	= MAX[0, (15.12 − 15.32), 0]	0.00
12/28/93	14.91	14.97	14.78	14.84	15.12	= MAX[0, (15.12 − 14.97), 0.00]	0.15
12/29/93	14.96	15.15	14.88	15.13	15.12	= MAX[0, (15.12 − 14.97), .15]	0.15
12/30/93	15.07	15.18	14.89	14.92	15.12	= MAX[0, (15.12 − 14.97), .15]	0.15
1/3/94	14.96	15.34	14.96	15.29	15.12	= MAX[0, (15.12 − 14.97), .15]	0.15
1/4/94	15.23	15.43	15.13	15.39	15.12	= MAX[0, (15.12 − 14.97), .15]	0.15

MAEを示したものが**表2.1**である。

MAEの売りポジションの数値を示したものが**表2.2**である。

MaxFEの計算方法もまったく同じである。買いポジションは**表2.3**、売りポジションは**表2.4**に示している。

これらの極値——MAE、MaxFE、MinFE——は必ずしも正値になるとは限らない。例えば、順行が発生しない場合もある。この場合、MAX関数の値はゼロになる（**表2.5**を参照）。

最小順行幅は仕掛けから利益の出る方向への最も小さな変動幅を測定したもので、買いの場合は仕掛け値と安値を比較し、売りの場合は仕掛け値と高値を比較する（買いの場合の計算例は**表2.6**、売りの場合の計算例は**表2.7**）。

これらの表で示した計算例によって、MAE、MaxFE、MinFEの計算方法はよく理解できたことと思う。MAE、MaxFE、MinFEのエクセルコードについてはそれぞれ**付録A**、**付録B**、**付録C**を参照してもらいたい。

第3章

MAEのグラフ化

Displaying MAE

データの収集

　第2章ではMAE（最大逆行幅）、MaxFE（最大順行幅）、MinFE（最小順行幅）の測定方法について説明した。エクセルコードについては付録を参照してもらいたい。こんなに簡単な概念なのに、多くの「スパゲッティ」コードが産出され、修正に手間取った。余談はさておき、本章ではMAEを使ううえでの次なる問題点について見ていく。それはMAEのデータをまとめ、それを損切りを置く位置を決めるうえで役立つように分かりやすい形でグラフ化することである。

　私は個人的には「視覚」に訴えるものが好きだ。もちろん表も見るが、表よりも図で表示されているもののほうが私にとっては分かりやすい。MAEの測定値の長大なリストを最も分かりやすく示すにはどういった表示方法がよいのだろうか。

　一般に、勝ちトレードの数と負けトレードの数がそれぞれ30以上あれば、信頼のおける結果が得られるデータ量と言える。MAEの測定値リストは**表3.1**に示したような形で始まるはずだ。

　このわずかなリストからでも多くの情報を得ることができるが、これが何百行にもわたると大変だ。**付録A、付録B、付録C**のモデルには日付、MAE、MaxFE、MinFE、損益などが示されているが、今

表3.1 MAEデータの収集（トレードごとにMAEを算出し、正味損益も記録する［このデータには手数料とスリッページは含まれていないが、正味損益に含めてもよい］）

仕掛け日	仕掛け値*	手仕舞い日	手仕舞い価格	正味損益	MAE
6/23/83	−31.04	7/1/83	31.18	.14	.07
7/8/83	−31.2	8/16/83	31.96	.76	.01
9/9/83	30.96	9/14/83	−31.22	−.26	.46
9/22/83	−31.17	9/23/83	31.21	.04	0.00
9/28/83	30.69	10/17/83	−30.34	.35	0.00
10/26/83	29.98	11/4/83	−30.31	−.33	.34
11/9/83	30.09	12/21/83	−28.74	1.35	0.00
1/2/84	29.03	1/16/84	−29.6	−.57	.64
2/10/84	29.36	2/14/84	−29.24	.12	.03
2/15/84	−29.26	2/16/84	29.34	.08	0.00
2/24/84	−29.78	3/16/84	30.13	.45	.06
3/29/84	−30.62	4/12/84	30.5	−.12	.25
4/13/84	−30.49	4/16/84	30.47	−.02	.02

* 負数は買いを意味する（買いポジションを建てるための資金の支出［キャッシュアウトフロー］を意味する）

のところは次のことを考える――勝ちトレードと負けトレードとではMAEに違いはあるか。

これを調べるために、結果を勝ちトレードと負けトレード別にまとめてみることにしよう。

勝ちトレード	勝ちトレードのMAE	負けトレード	負けトレードのMAE
.14	.07	−.26	.46
.76	.01	−.33	.34
.04	.00	−.57	.64
.35	.00	−.12	.25
1.35	.00	−.02	.02
.12	.03		
.08	.00		
.45	.06		

データの分類方法について

　野心的なトレーダーはトレードを売り・買いの別、あるいはポジションの保有期間別に分類しようと思うはずだ。私もいくつかのトレーディングルールではこういった分類をしたことがあるが、残念ながら利点はほとんどなかった。しかし、こういった分類方法もやる価値はあるのではないかと思う。

　これらの数字を見ると分かるように、勝ちトレードのMAEの値が非常に小さいのに対して、負けトレードのMAEは大きな値になる傾向がある。これはMAEに関する重要な事実であり、トレードが何世紀にもわたって行われてきた由縁でもある。通常と異なる点は、負けトレードよりも勝ちトレードの数が多いことである。普通のトレーディングシステムではこういった現象はあまり見られない。表計算ソフトのグラフ機能を使って、リストのデータをグラフにしてみることにしよう。まず、勝ちトレードの欄と負けトレードの欄をひとつにまとめる。

損益	MAE
0.14	0.07
0.76	0.01
0.04	0
0.35	0
1.35	0
0.12	0.03
0.08	0
0.45	0.06
−0.26	0.46
−0.33	0.34
−0.57	0.64
−0.12	0.25
−0.02	0.02

図3.1 MAEと損益の散布図（この散布図からは勝ちトレードと負けトレードのMAEの違いがはっきり分かる。勝ちトレードのMAEは縦軸の右側領域に横軸に沿って発生し、その値は0.1より小さいが、負けトレードのMAEは縦軸の左側領域に分散し、その値は[1つを除き] 0.1より大きい）

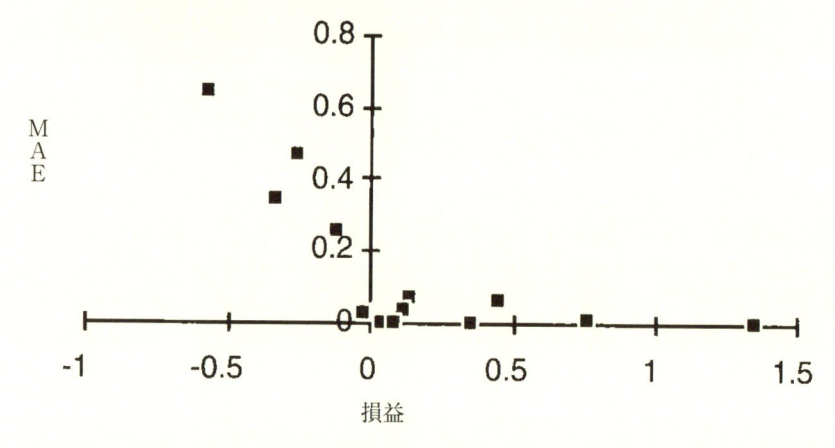

これを散布図にしたものが**図3.1**である。

一般に、損失の大きさとMAEの大きさとの間にはほぼ線形関係が成り立つが、勝ちトレードのMAEは比較的小さい。こうならない場合、市場に何らかの問題があったか、あなたのトレーディングルールが勝ちトレードと負けトレードを識別できなかった可能性が高い。

ここで見ているトレーディングデータは勝ちトレード、負けトレード、シャープレシオ、ドローダウン、売り・買いの別の結果といった統計量をまとめたサマリーデータではなく、（この場合）13回のトレードであなたが実際に体験したこと、つまりそれぞれのトレードの途中で発生した値動きをグラフ化したものであり、仕掛けポイントから見た市場の動きである。市場をこうした観点から見ると、市場の動きには規則性のあることが分かる。これは驚くべき事実だ。このように仕掛けポイントから市場を統計学的に見れば、別の規則性も見つかるかもしれない。

こうしたグラフは外れ値を見つけるのに役立つ。外れ値は本当の外

れ値である場合もあれば、統計処理の不手際による場合もある。この例ではすべてが正常であるように思える――損失が大きくなるにつれMAEも大きくなり、勝ちトレードの場合のMAEは利益の大きさにかかわらず比較的小さい。

利益が出たトレードでもその途中で逆行することもある。**図3.1**を見ると、勝ちトレードのMAEは最大で0.1（これは10ティックに相当する）であることが分かる。10ティック以上逆行したら勝ちトレードにはならないことが事前に分かっていたとしたらどうだろう。勝ちトレードにならないのであれば、それは必然的に負けトレードになるということである。

これをトレードの途中で知ることができれば、やるべきことについての貴重な情報が得られることになる。もしそのトレードが15ティック逆行してしまったら、そのトレードは負けトレードになることが分かるわけである。したがって、そのトレードは損失が小さいうちに損切りしてしまわなければならないということになる。

トレードをより確実にするためには、仕掛けると同時に11ティックの位置に損切り注文を置くとよい。「どうしますか、なんていちいち電話してこないで。負けトレードになると分かった時点ですぐに損切りして」というわけだ。つまり、損失を最小限にとどめるためのプロセスを自動化できるわけである。

さてここで現実に目を向けてみることにしよう。問題は、11ティック逆行したら必ず負けトレードになると確実に言えるわけではないという点だ。13回のトレードの例からは、そうなる可能性が高いとしか言えない。ここでは難しい数学を使って統計的推定をやるといったことはしない。**図3.1**のグラフをしっかり見てもらいたい。勝ちトレードのMAEが1カ所に集中していることが分かるはずだ。また、勝ちトレードの場合、最大でどれくらい逆行するかも分かる。グラフからは一般的な傾向が読み取れるが、市場では衝撃的な出来事がいつ起こ

るとも限らないため例外的なことが発生する可能性があることを忘れてはならない。しかし、良いニュースがどこで終わり、悪いニュースがどこで始まるのかはグラフからおおよそ推定することはできる。

度数図

これらの数字をグラフ化する別の方法を見てみることにしよう。この方法は散布図よりも詳しい情報が入手でき、のちの意思決定にも役立つ。ここで紹介するのは度数図と呼ばれているものだ。度数図をすでにご存知の人はこの節はざっと目を通すだけでよい。あるいは、飛ばして次に進んでも構わない。

トレード数が増えると、**図3.1**のような散布図では正確な損切り位置を決めることは難しくなり、勝ちトレードと負けトレードのMAEの違いもはっきりしなくなる。そんなときに便利なのが度数図だ。度数図を作成するためには、まずデータをMAEの大きさ別に分類する（つまり、損切りを置く位置によってデータを分類するということ。MAEを測定するそもそもの目的は、トレーディングルールにしたがって適切な損切り位置やドテンする位置を決めることであることを思い出してもらいたい）。

まずは、分類区間（この区間のことを「ビン」という）を0.1（10ティック）としてデータを分類する。この例では、MAEの値が0から0.1までのトレードをひとまとめにし、0.1より大きくて0.2以下のトレードをひとまとめにし、0.2より大きくて0.3以下のトレードをひとまとめにする……といった具合にデータをまとめる。こうしてまとめたものを度数分布表といい、このケースの場合は次のようになる。

	0 = MAE <=.1	.1 < MAE <=.2	.2 < MAE <=.3	.3 < MAE <=.4	.4 < MAE <=.5	.5 < MAE <=.6	.6 < MAE <=.7	.7 < MAE <=.8
勝ちトレード数	8							
負けトレード数	1	0	1	1	1		1	

　これを柱状図（ヒストグラム）にしたものが**図3.2**である。これを度数分布と呼ぶのは、それぞれの区間に属するトレードがどれくらいの頻度で発生するかを示したものだからである。これによって勝ちトレードと負けトレードの分布がはっきり分かる。

　この例ではトレード数が13なのでトレード数が60以上の場合に比べると結果は単純だが、勝ちトレードと負けトレードとの違いははっきりと現れている。勝ちトレードの度数がこの例のように1カ所に集中するのが理想的だが、そうならない場合でも、少なくとも勝ちトレードと負けトレードの分布の形状に明確な違いがあるのが望ましい。

　一般に、負けトレードの分布のピークは勝ちトレードのピークの右側にあるという特徴を持つ。また、負けトレードのMAEの分布の裾が右側に長く伸びている（ロングテール現象）のもひとつの特徴だ。勝ちトレードのMAEの分布には裾がないのが理想的だが、必ずしもそうなるとは限らない。

　勝ちトレードのMAEの分布は、最初のビンにトレードが集中し、次のビンからはトレード数が極端に減少し、一番最後のビンに属するトレードがゼロというのが理想だ。理想的なヒストグラムを示したものが**図3.3**である。

　このサンプルヒストグラムはまさに理想的な形をしているが、実際にはいつもこうなるとは限らない。

　この12年（3069日）にわたる原油先物のヒストグラムを見ると、勝ちトレードと負けトレードの分布には明確な違いがある。負けトレー

図3.2 MAEのヒストグラム（ヒストグラムにすると勝ちトレードと負けトレードのMAEの違いがより一層はっきりする）

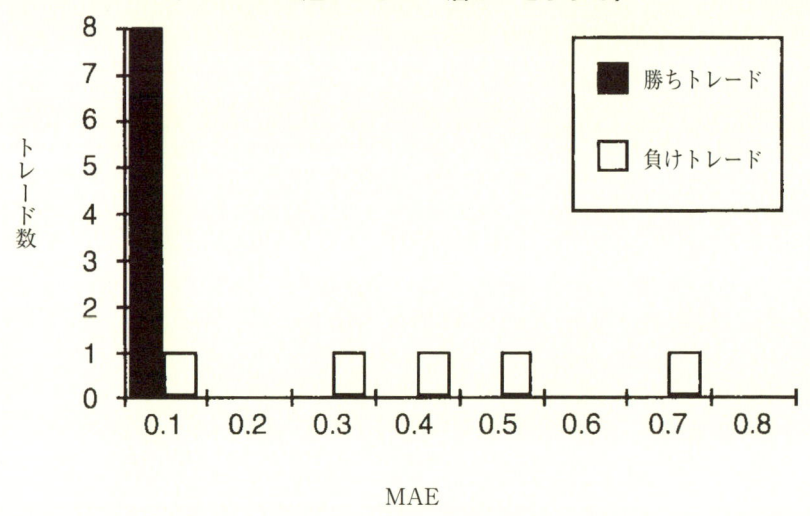

図3.3 勝ちトレードと負けトレードのMAEの理想的なヒストグラムの形状（勝ちトレードのMAEの分布は一番左に極端に大きなピークがあり、負けトレードのMAEの分布のピークはその右側に位置し、かつロングテールを持つのが理想的）

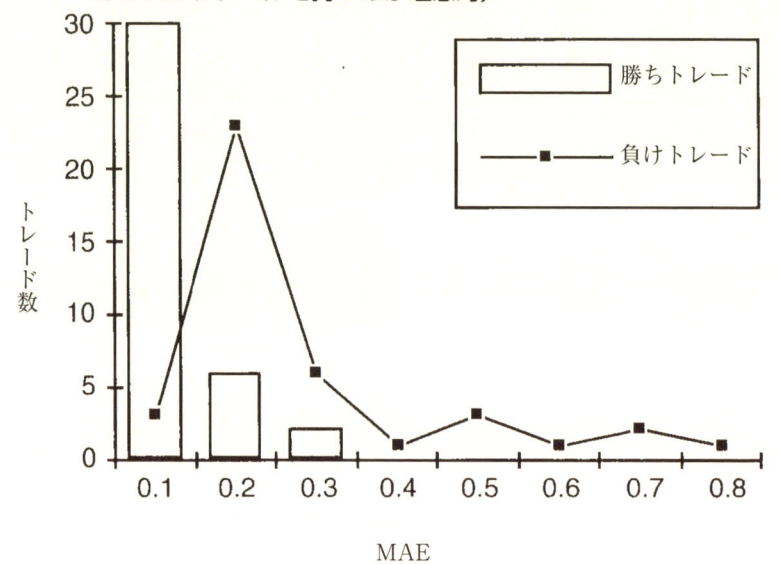

図3.4　MAEのサンプル分布（全252回のトレードのこのケースでは、勝ちトレードと負けトレードのMAEの分布には明確な違いがあり、勝ちトレードは左側の３つの柱以外に0.9、1.05、1.5にそれぞれ１つずつ分布している）

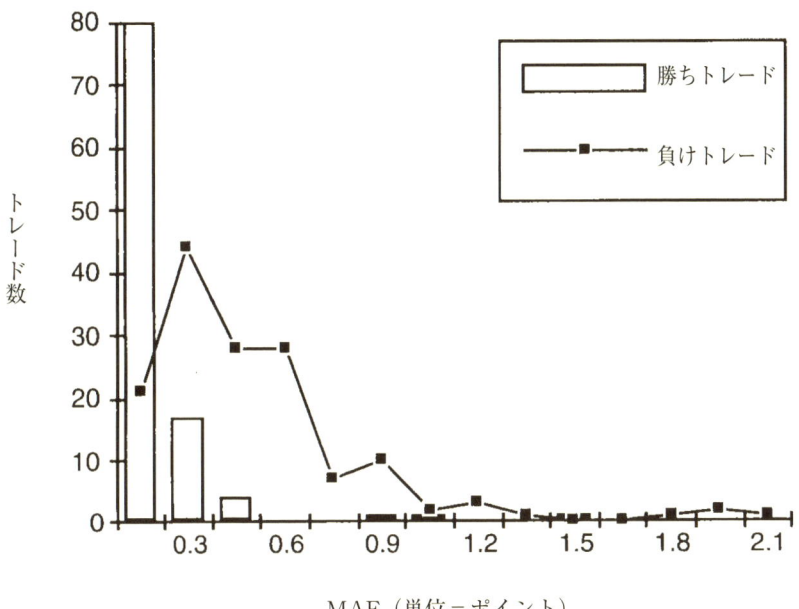

ドのMAEの分布は裾が右側に長く伸びているが、これは負けトレードの多くは価格の逆行があったことを意味する。一貫したルールに基づく12年にわたるトレードのなかで、0.45を超える逆行を経験した勝ちトレードはわずか３つしかない。原油における0.45の逆行による損失がわずか450ドルであることを考えると、これは素晴らしい結果である（このトレードでは単純移動平均システムを使った。詳細については『キャンペーン・トレーディング』を参照のこと）。

損切りとドテン

われわれの目的は、**図3.4**のようなヒストグラムを見てトレーディ

ングの意思決定を行うことである。この場合の意思決定は仕掛けや手仕舞いの意思決定ではなく、損失を制御するための意思決定である。つまり、損失を出しているトレードをどこで損切りすればよいか、ということである。損切り注文を置く位置は仕掛けポイントから離れすぎても、近すぎてもいけない。間違ったトレードをやめる位置を見つける方法として、リトレースメント、波の数、支持線・抵抗線、価格の変動率、独断的なマネーマネジメント、パラボリックなどを使わずに、ここでは図3.4に示したように、それぞれのトレードの最中に発生する実際の値動きだけを見てそれを判断する。

詳しくは第4章で見ていくが、まずは図3.4をじっくり観察して、どこでトレードを打ち切りにすべきかを考えてみよう。図3.4を見ると、打ち切りポイントの候補と考えられるのは、仕掛け値から0.15、0.30、0.45の位置（横軸の値）である。

図3.5を見ると分かるように、逆行幅が大きくなるにつれ勝ちトレード数は減少する。逆行幅が0.45を上回るトレードで勝ちトレードになったものはわずか3つしかない。

MAE	勝ちトレード数	負けトレード数
0.15	80	21
0.3	17	44
0.45	4	28
0.6	0	28
0.75	0	7
0.9	1	10
1.05	1	2
1.2	0	3
1.35	0	1
1.5	1	0
1.65	0	0
1.8	0	1
1.95	0	2
2.1	0	1
合計	104	148

一方、仕掛けポイントからの逆行幅が0.45を超えるものは55回が負

図3.5 損切りを置く位置の候補（MAEのヒストグラムは損切りを置く位置を決めるのに用いることができ、この例の場合、逆行幅が0.45を上回ると勝ちトレードの数よりも負けトレードの数が多くなるため、それ以上持ち続けてもメリットはないように思える）

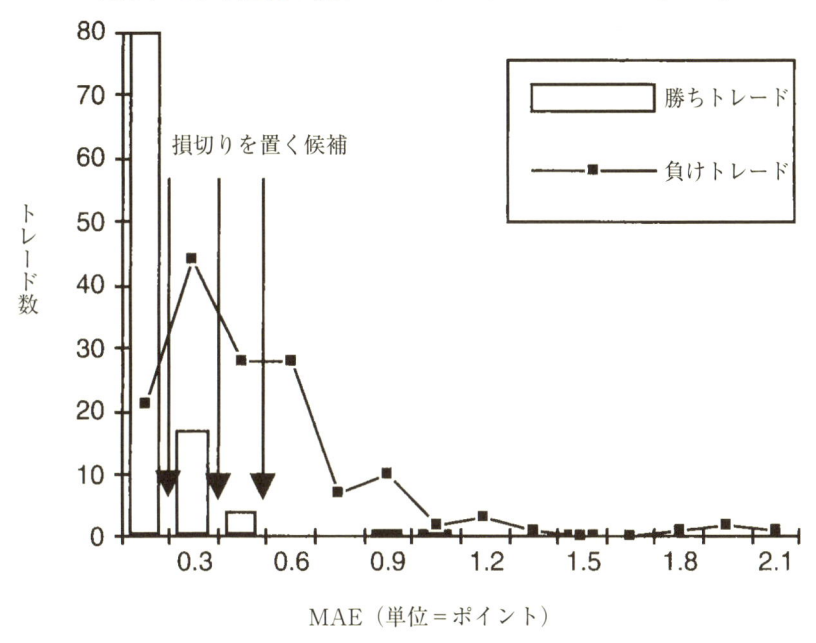

けトレードになっている。したがって、損切りを0.46に置けば55回の負けトレードを防ぐことができるが、3回の勝ちトレードが負けトレードに転じる。次に、損切りを0.31に置いた場合を考えてみよう。この場合、83回の負けトレードを防ぐことができるが、7回の勝ちトレードが負けトレードに転じる。損切りの位置を0.16とする最もアグレッシブな戦略では、127回の負けトレードを防ぐことができるが、24回の勝ちトレードが負けトレードに転じる。

損切りの位置を決めるうえではトレードオフ問題（詳しくは第4章で説明する）があるのは明らかだが、0.45に置くのが一番良いのははっきりしている。その場合、例えば損失をトレード資金の2％に限定

しようと思った場合、必要資金額は次のようになる。

必要資金額 = (0.45×100)×10ドル÷0.02 = 22,500ドル

ただし、これはこのリスクの高い戦略全体の必要資金であって、1トレード当たりの必要資金ではないことに注意してもらいたい。このように各トレードを行っている最中の値動きを知ることで、最も効果的な損切りの位置を推定できるだけでなく、必要な資金額も比較的正確に見積もることができる。

損切りを0.46に置いた場合、3回の勝ちトレードが損切りに引っかかって負けトレードに転じるが、その損失額はどれくらいになるのだろうか。損切りを置く位置は0.30のほうがよいのだろうか。これについては第4章で詳しく見ていく。その前に、このテクニックの細かい部分についていくつか見ておくことにしよう。

ビンの大きさはどれくらいが適切か

まずひとつは、度数の分類区間にはなぜ0.15とか0.30といった特定の値を使わなければならないのかということだ。現在使われている表計算ソフトは度数図を簡単に作成することができるため、特にお勧めの区間はない。本章で登場したグラフの計算・作成方法については詳しくは**付録D**の「度数分布の作成」を参照してもらいたい。

ビンの大きさをどれくらいにするかはあなたの損失管理によって違ってくる。MAEをグラフにする目的は、利益を最大化できる損切りやドテン水準を見つけることである。したがって、ビンの大きさはそうした水準を正確に見つけることができるような大きさにしなければならない。

ビンの大きさを考える場合、自分のトレード資金を基準にするのが

よい。1つの投機ポジションにおいてリスクにさらすお金は全資金の一定比率にすべきであり、その比率は通常はおよそ2％である。これは破産確率が極めて低いリスク水準だが、問題はあなたがそれを受け入れることができるかどうかである。リスクにさらす資金を2％より少なくすることができる損切り水準を見つけるには、ビンの大きさは全資金の2％より大きくしてはならない。ビンの大きさをこれより大きくすれば、リスクがその大きさ以下になる損切り水準をグラフ上に見つけることはできなくなる。

　リスクにさらす資金をこれよりももっと少なくしたいのであれば、ビンの大きさをその半分あるいは4分の1にすればよい。

　MAEのヒストグラムの一番右端のトレードは逆行幅が最も大きなトレードだ。最大の逆行幅が大きく、ビンの大きさを非常に小さくした場合、左端と右端の間のビンは空になってしまう。あなたにとって最も興味がある左側のビン（逆行幅が小さいビン）は描くことができるが、そこだけ描けても情報価値はあまりない。

　データ量（つまり、トレード数）が少ない場合、ビンの大きさをあまりにも小さくすれば分析に限界が生じる。あまり頻繁にトレードしない戦略の場合、勝ちトレードと負けトレードのサンプルをそれぞれ30回ずつ得るのは難しいだろうし、ましてやその30回のトレードを10から20のビンに分類すれば各ビンに入るトレードの数は非常に少なくなる。必ずしもうまくいくとは限らないが、私の経験から言えば、ビンの大きさをトレード資金の2％より小さくする場合、その半分の1％であれば分析に使えるヒストグラムを得ることはできる。これでうまくいかない場合は、表計算ソフトのビンの値を変えて計算し直し、うまくいくビンの大きさを見つける。

売りと買い

　売りと買いとを区別しなかったので株式トレーダーにとっては驚きだったかもしれないが、それも無理はない。これまで先物をトレードしてきて、債券市場を除いては上昇市場と下降市場の振る舞いに大きな違いはほとんど見られなかった。債券市場の場合、利回りによって市場の動く速度が若干変化する。株式市場の場合、上昇・下降を問わずいずれの方向でもありとあらゆる値動きが発生するように思えるが、これについては私はあまり詳しくない。

　株式の売りポジションと買いポジションとではMAEに違いがあると思う人は、売りポジションと買いポジションに分けて考えてもよい。**付録E**の「売りと買いのMAE」では、売りと買いのMAEを別々に算出するサンプルコードと度数分布の作成方法を提示しているので参考にしてもらいたい。売りと買い別にヒストグラムを作成したら、売りと買い別に損切りを置く位置を決め、比較することができる。両者に有意な違いがあるかどうかはまた別の問題になる。

第4章

ビンごとの利益の算出

Defining Profit by Bin

トレードオフ問題

　任意のビンに含まれるトレード数を調べるのは非常に良いことだが、そのうちに、損切り幅を大きくしたり小さくすると収益性にどんな影響があるのかを知りたくなるはずである。損切りの位置を決めようとするとき、損切りを置く位置によって利益に違いがあるのかどうかを考えるのは当然の成り行きだろう。

　隣接するビンに含まれる勝ちトレードと負けトレードの数がほとんど同じであるとき、損切りの位置はどちらのビンの水準にしても大きな違いはないはずだが、本当にそうなのだろうかとあなたは疑問に思うはずだ。一般に、勝ちトレードの度数曲線は右下がりになるが、負けトレードの度数曲線は右上がりになる。両者の「利益曲線」はどの損切り水準で交差するのだろうか。曲線に歪みを生じさせる極端に大きな勝ちトレードや負けトレードはなかったのだろうか。つまり、あなたのデータはそれを基にトレーディングルールを作れるほど信頼のおけるものなのだろうか。いずれも貴重な疑問だが、その前に「利益曲線」を定義しておくことにしよう。

利益曲線

　第3章では度数分布表、ヒストグラム、度数曲線の作成方法について説明した。「曲線」とはプロットした点を結んだ滑らかな形状のラインのことを言う。

　ここでは「トレード数」をプロットする代わりに、それぞれの区間（ビン）に含まれる各トレードの損益を計算し、損益をビンごとに合計したものをプロットする。非常に簡単なことのように思えるかもしれないが、細かい注意点があるのでそれは手順を説明したあと議論することにする。

　まず、手数料を含めたトレードごとの損益の値とMAE（最大逆行幅）をリストにする。これらの損益の値を該当するビンに入れ、ビンごとに利益を集計する（ここでは損益を総称して利益という言葉を使っているが、損失は負の利益ということになる）。

　例えば、各トレードの損益とMAEの値のリストが次のようになったとする。

損益	MAE
−0.16	0.18
0.03	0.11
−0.55	0.55
0.16	0.00
0.07	0.03
−0.05	0.22
−0.21	0.21
−0.28	0.36
−0.16	0.22
−0.13	0.23
0.5	0.00
−0.06	0.13
0.02	0.25

これをビンごとにまとめると次のようになる。

勝ちトレード	
ビン	損益
0.0 − 0.1	= 0.16 + 0.07 + 0.5
0.11 − 0.2	= 0.03
0.21 − 0.3	= 0.02
0.31 − 0.4	
0.41 − 0.5	
0.51 − 0.6	

負けトレード	
ビン	損益
0.0 − 0.1	
0.11 − 0.2	= −0.16 − 0.06
0.21 − 0.3	= −0.05 − 0.21 − 0.16 − 0.13
0.31 − 0.4	= −0.28
0.41 − 0.5	
0.51 − 0.6	= −0.55

これを集計すると、

勝ちトレード	
ビン	損益
0.0 − 0.1	0.73
0.11 − 0.2	0.03
0.21 − 0.3	0.02
0.31 − 0.4	
0.41 − 0.5	
0.51 − 0.6	

負けトレード	
ビン	損益
0.0 − 0.1	
0.11 − 0.2	−0.22
0.21 − 0.3	−0.55
0.31 − 0.4	−0.28
0.41 − 0.5	
0.51 − 0.6	−0.55

図4.1　利益曲線の例（利益曲線で描くと負けトレードの損失額とMAEとの関係はより一層はっきりする。損切りやドテンの位置を決める場合、図4.2のように絶対値で描いたほうが分かりやすい）

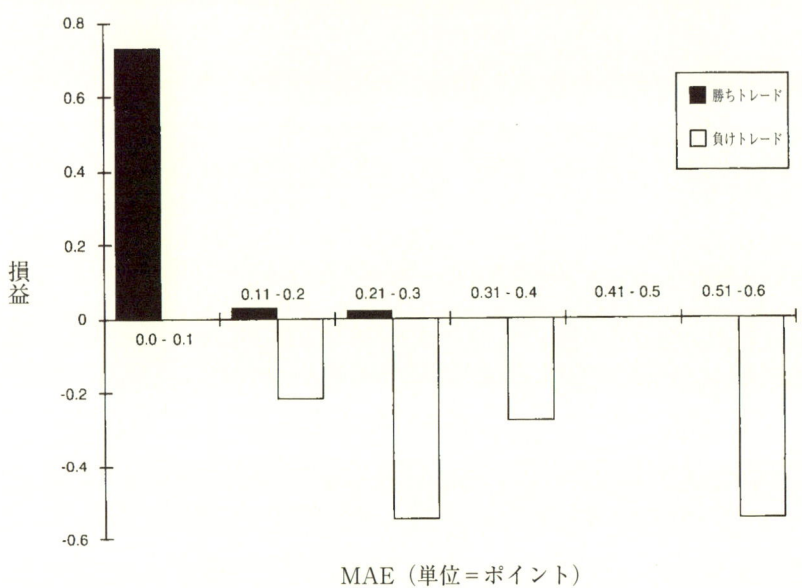

[グラフ: 縦軸 損益 (-0.6〜0.8)、横軸 MAE（単位＝ポイント）、区間 0.0-0.1, 0.11-0.2, 0.21-0.3, 0.31-0.4, 0.41-0.5, 0.51-0.6、凡例: 勝ちトレード／負けトレード]

　MAEの値を見ると、負けトレードのMAEは勝ちトレードのMAEよりもはるかに大きい。利益曲線を描くには、トレードを勝ちトレードと負けトレードに分け、逆行幅の大きさによって適切なビンに入れる。

　次にそれを**図4.1**で示したようにグラフにする。

　こうしてグラフ化したものを見ると、損切りやドテンの位置を0.21に設定した場合と0.31に設定した場合の違いがはっきりと分かる。これが証拠として入手できるすべてのトレードであったとするならば、損切りを0.21や0.31といった大きな値に設定してもあまりメリットがないことが分かるはずだ（これらは11年間にわたる一連のトレードのなかの最後のいくつかのトレード）。損切りをこうした高い水準に設

図4.2　絶対値で描いた利益曲線（ビンごとの勝ちトレードの損益と負けトレードの損益を比較するには損益を絶対値でプロットしたほうが分かりやすい。この情報に基づいてトレーディングするとき、損切りを置く位置は勝ちトレードと負けトレードの利益曲線が交差する点を基に判断することになるため、分かりやすい形式でグラフ化することが重要）

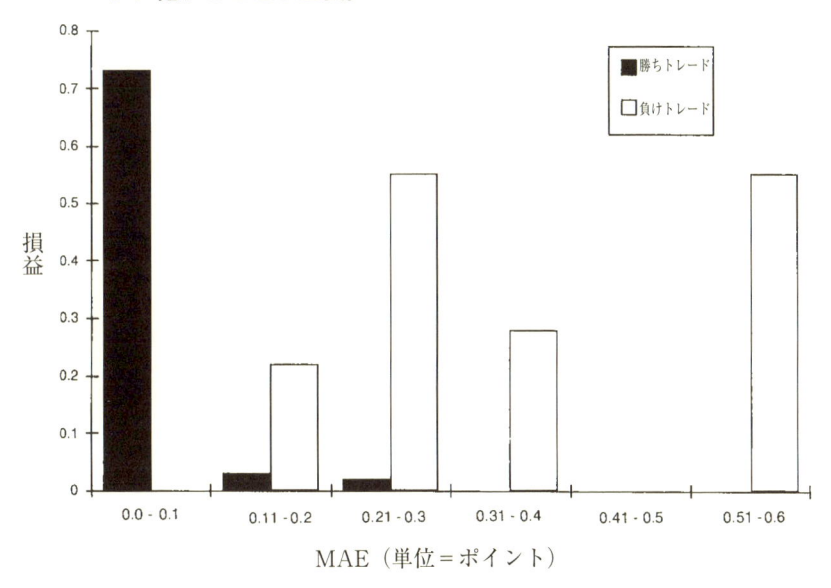

定した場合、負けトレードは、数と大きさの両方において、勝ちトレードを上回る。したがって、損切りは0.11に置くのが適切であることは明らかだ。トレード数がもっと多い場合、私は通常勝ちトレードと負けトレードの損益を絶対値でプロットする（**図4.2**を参照）。人によっては勝ちトレードと負けトレードを合わせたグラフのほうが分かりやすい場合もあるだろう。**図4.3**は各ビンの勝ちトレードと負けトレードの損益を合わせて描いたものだ。

　これらの数値を以前の付録と同じデータ形式を使って自動的に計算するためのエクセルコードは**付録F**に示しているので参考にしてもらいたい。これらの数値は手動で計算すると間違いやすいので自動計算することが重要だ。特に統計学的に有意な数のトレード数がある場合

図4.3 勝ちトレードと負けトレードの損益をまとめて描いたグラフ（勝ちトレードと負けトレードの損益をビンごとにまとめてグラフ化すると、価格がどれくらい逆行したらスタンスを変えるべきかがはっきりと分かる。0.11で損切りするのが良いことを示しているだけでなく、ドテンしたほうが良いことをこのグラフは教えてくれる）

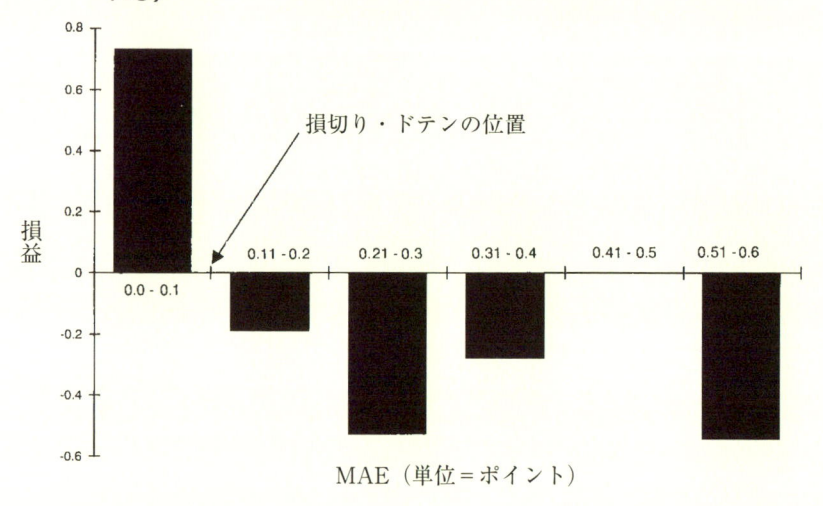

はデータ量が膨大になるので手動で計算するのはかなり大変な作業になる。

　付録Fには、複雑な状況において損切りやドテンの位置を決めるのに役立つ3次元グラフの作成方法についても説明しているので併せて活用してもらいたい。

グラフの解釈

　一般にサンプルデータはここで示したデータほど単純ではない。勝ちトレードと負けトレードの曲線の重なりは、ここで示したものよりはるかに大きいはずだ。その場合、損切りを置く位置はそれぞれの曲線の全体的なトレンドを見ると同時に、最適な交差点を視覚的に予想することで判断してもらいたい。数字はそれほど厳密ではないので、

視覚による判断のほうが数学的アルゴリズムより正確かもしれない。

　正しい予測を行うためには十分な量のデータが必要であることに留意してもらいたい。度数曲線と利益曲線の間に大きな違いがある場合、損切り幅が拡大するにつれて勝ちトレードの数が急激に減少するため、残りの数少ない勝ちトレードが大きな影響力を持つようになるためであることが多い。

　言い換えるならば、利益曲線は個々の勝ちトレードや負けトレードの大きさの影響を受けやすいということである。これはこのテクニックの限界を示すものだ。例えば、MAEの大きなトレードが大きな勝ちトレードになれば、利益曲線は大草原の真ん中に富士山がそびえたったような形状になる。利益曲線がMAEの値が小さな領域で大きな値を取るようにするためには十分な数のトレードが必要であり、MAEの値が大きな領域で発生する利益には注意が必要だ。一般に、大きな値のMAEのビンに属するトレードは、実質的には損切りの影響を受けない。

　時として、損切り幅を大きくしたり小さくしたりすると、利益曲線が直観的に非常に分かりにくいものになる場合がある。一般に、損切り幅を大きくすると、次のようなことが起こる。①損切り幅を小さく設定したときには損切りになったはずのトレードが勝ちトレードになる、②損切り幅を小さく設定したときには小さな損失で損切りできたはずの負けトレードが、もっと大きな損失で損切りすることになる。正味の影響は、勝ちトレードと負けトレードの発生頻度と各トレードが被る損失の大きさによる。

　逆に、損切り幅を小さくすると、逆の現象が発生する。つまり、損切り幅を小さくすると、損切り幅が大きいときは勝ちトレードになったであろうトレードが損切りに引っかかる確率が高まり、負けトレードは損切り幅が大きいときよりも早期に損切りに引っかかるため、より少ない損失額で損切りになるケースが増える。いずれの場合も効果

は相殺されるため、正味の影響を調べるには利益曲線を見る必要がある。利益曲線に疑問がある場合は、直観的に理解できない効果をもたらしたトレードを度数分布表で調べ直す必要がある。損切り幅の拡大や縮小による影響はすぐに読み解けるようになり、損切りを置く適切な位置を判断するのに利用できるようになるだろう。

　損切りを置く位置を判断する場合、トレード実行中の実際の値動きとは無関係の独断的なマネーマネジメントルールを使うよりも、これらの手順を使ったほうがより多くの情報に基づいて損切り位置を決めることができることは確かである。

第5章

ボラティリティの変化による影響

Impact of Volatility Changes

微調整

　逆行幅についての基本的な考え方については理解してくれたものと思う。この第5章では、逆行幅の微調整について考えてみたいと思う。逆行幅を微調整することは結果の向上を図ることができるだけでなく、好奇心の満足にもつながる。アナリスト時代、私はこうした微調整を「いじり（いじる）」と呼んでいた。結果に大きな影響を及ぼすものではないが、勝率をちょっとだけ上昇させることができるという意味である。本章を含めたこのあとの章では、トレーディングにおける逆行幅をいじることを紹介していく。

　まずは値幅のボラティリティ（通常のボラティリティとは異なることに注意）について、次に連勝・連敗がMAE（最大逆行幅）をもとに設定した損切り（以下、MAEによる損切り）に及ぼす影響について、そして最後に賭け戦略の問題について見ていく。

損切りの位置を変更させるものは値幅か、それともボラティリティか

　価格の順行・逆行を考えるとき、最も気になるのがその値幅であ

図5.1　MAEによる損切り位置の調整（トレーディングの最中にレンジボラティリティが変われば損切りの位置を調整する必要がある場合もあり、その場合、損切り幅を拡大しても勝ちトレードが負けトレードに転じないように調整する必要がある。値幅のボラティリティが小さいときは損切りはもっと仕掛け値に近い位置に変更するのがよい）

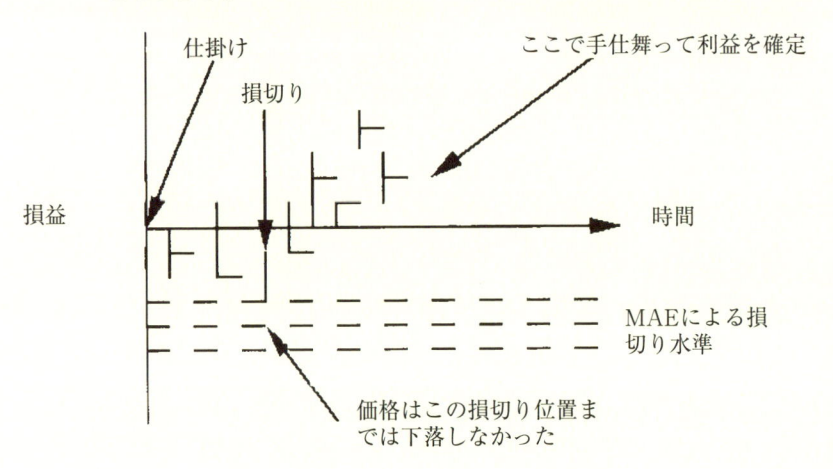

（図：縦軸「損益」、横軸「時間」。矢印で「仕掛け」「損切り」「ここで手仕舞って利益を確定」「MAEによる損切り水準」「価格はこの損切り位置までは下落しなかった」を示す）

る。極値である高値や安値はその日の中間値に比べると取引量が極めて少ない。しかし、価格が高値や安値まで動いて損切り価格に達すると、注意深く置いた損切り注文が執行されてしまう。この第5章では、ボラティリティがどの程度値幅に影響を及ぼすかについて考えていく。なぜなら、値幅は逆行幅の測定やMAEによる損切りやドテンの位置に影響を及ぼすからである。

　日中の値動きのボラティリティが高まれば値幅が拡大するため、価格が損切り注文に達する可能性が高まる。特に、MAEによる損切りのように市場価格に近い位置に置いた損切り注文は引っかかる可能性が高まる。逆に、日中の値動きのボラティリティが低ければ、値幅は縮小し、価格が損切り価格に達する可能性は低くなる（**図5.1**を参照）。

図5.2 1995年の原油の値幅とボラティリティ（ボラティリティは１日の値幅に比べると大きく変動しているが、全体的にほぼ同じ方向に動いている。原油では値幅はボラティリティの代理として使える可能性が高い）

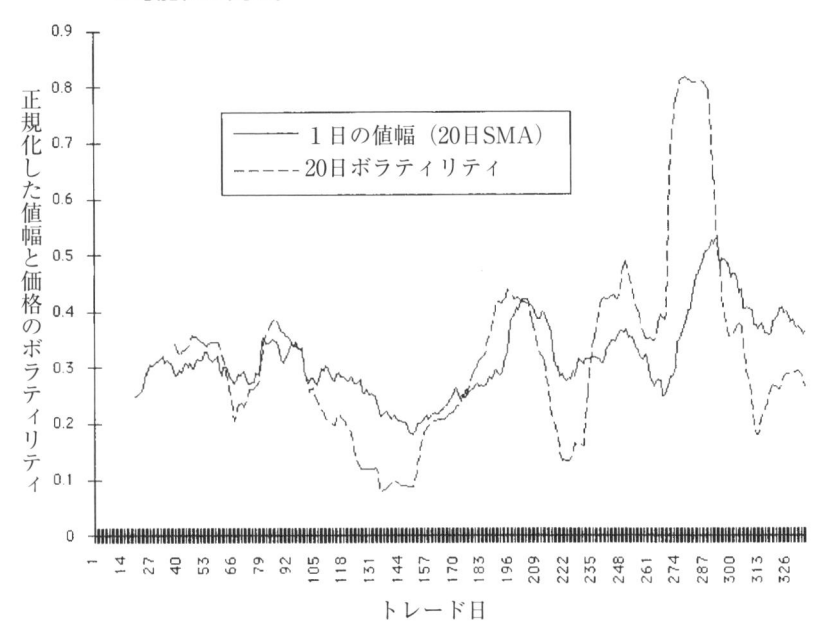

縦軸：正規化した値幅と価格のボラティリティ
横軸：トレード日

凡例：
― １日の値幅（20日SMA）
---- 20日ボラティリティ

値幅とボラティリティ

　この概念は多くの論理問題を伴う。まずは、値幅はボラティリティの変動に伴って拡大や縮小するのかという問題がある。この問題に関してはすぐに回答を示すことができる。**図5.2**を見ると分かるように、値幅はボラティリティと厳密には一致しないが、関係があることが分かる。**図5.2**は20日ボラティリティと20日の平均値幅を平均値調整して比較したものである。平均値調整とは、一方の系列に任意の調整係数を掛けて２つの分布の平均値を同じ値にすることを言う。この調整は２つの系列の変動を比較しやすいように表示するための処理であって、両者の関係を厳密に比較・分析するものではない。

図5.3　1990年の原油の値幅とボラティリティ（1990年は原油価格の変動が大きかった年だが、値幅とボラティリティの変動が一致することを示す格好の例として1990年を選んだ）

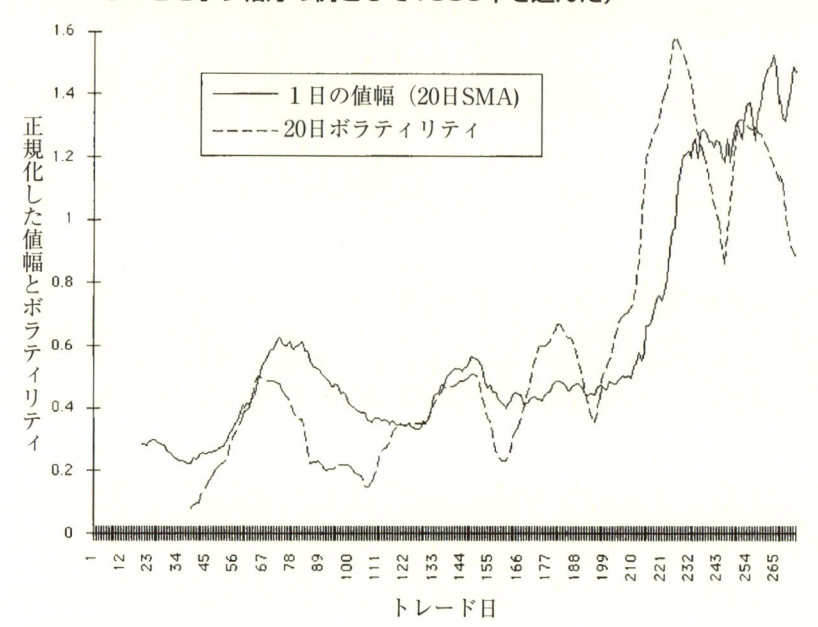

　図5.2を見ると分かるように、2つのラインはきっちりと重なっているわけではないが、比較に必要なだけの期間において全体的にほぼ同じ動きをしている。これは一例にすぎないが、**図5.3**の別の例においても、ボラティリティと値幅の変動の間には一定の関係が見られる。あなたがトレードしている市場についても同じ検証を行い、これが本当に使える関係かどうかを調べてみるとよいだろう。きっと良い勉強になるはずだ。値幅とボラティリティとの関係について書かれた論文は見たことがないが、この関係はトレーダーやオプションディーラーの間ではこれまで長期にわたって独自に研究されてきた（シンシア・ケイス［S&C Vol 11:10 pp.432-436］とアンドリュー・スタージ［S&C Vol 7:12 pp.438-441］は論文のなかで値幅とボラティリティとの関係

について触れている)。このほかの例については**付録G**を参照してもらいたい。証拠としては若干弱い点は否めないが、**付録G**のグラフからは値幅がボラティリティを調べる代理として使えることが分かるはずだ。

　図5.2と**図5.3**のグラフからは、値幅はボラティリティとある程度歩調を合わせて拡大・縮小するということが言えるが、必ずしも厳密ではない。したがって、価格のボラティリティの変動に対して損切りの位置を調整することには問題があった。つまり、値幅そのもののほうがもっと直接的な指標になるのではないかということである。値幅が実質的に価格のボラティリティと歩調を合わせて拡大・縮小すると仮定するならば、値幅のボラティリティの影響をさらに詳しく調べてみる必要がある。

仕掛けた時点で知ることができるか

　値幅のボラティリティ(この場合においては価格のボラティリティ)についての2番目の問題点は、値幅のボラティリティの変動を仕掛けた時点で知ることができるかどうかである。つまり、すでに変動したのか、これから変動するのかを知ることができるかということである。これから変動するのであれば、ポジションを建てた時点で損切りの位置を調整する必要がある。トレーディングレンジのブレイクで仕掛けたり、トレンドの始まりで仕掛けるといったトレーディングルールは、価格変動が比較的小さい期間から急に大きく動くことを想定したものである(**図5.4**を参照)。価格が急上昇したり急下落しても、20日平均値幅(20日ボラティリティ)は平均処理を行うため価格の変動に遅れて変動する。

　MAEという概念の必要性を痛感したのは、このように値幅の変動を「先読み」することができなかったからである。先読みする代わり

図5.4 仕掛け日における値幅とすべての値幅との関係（これら2つの分布の平均は同じ0.32であるが、すべての値幅の分布は仕掛け日の値幅の分布に比べるとピークは高く、分布にも歪みがある。原油のこの傾向を見ると、仕掛け日における値幅で最も多いのは0.25で、最も頻出する値幅である0.15からはズレている）

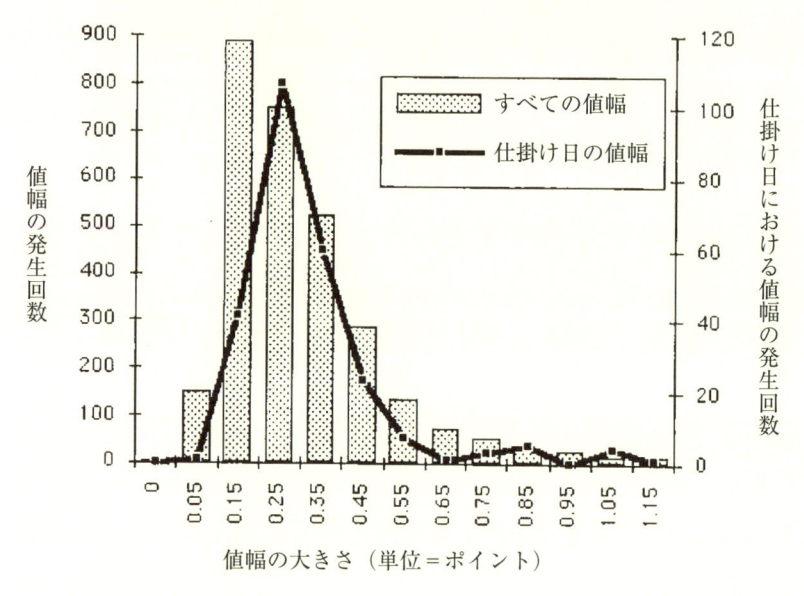

に、「これらのトレーディングルールに従った場合、価格は実際にどれくらい逆行するのか」を調べ、「そういった逆行があるとするならば、仕掛けの時点でトレードをどう調整すればよいか」を決めるのがMAE分析である。

こうした方針を念頭におけば、アナリストでありトレーダーであるあなたは自分のトレーディングルールに従って、「仕掛けたあと」値幅に何が起こるのかを調べる必要がある。しかし、MAE分析と同じく、利用できるものは何も見つけることができないだろう。あなたのトレード対象とトレーディングルールの組み合わせでは、値幅が変動する期間を特定できないかもしれないが、その組み合わせで値幅の変動を適正に推定することができれば、それで損切り・ドテンの位置を調整することができる。

例えば1つの方法として、仕掛けポイントから日々の値幅が、仕掛け日の20日平均値幅をどれくらい上回るかを測定する。あるいは、日々の値幅を値幅の20日移動平均と比較する。この計算例については**付録H**を参照してもらいたい。次節ではこのグラフを見てみることにしよう。

値幅の20日移動平均との比較

私の経験によれば、これはトレード対象によって異なる。仕掛けたあとの日々の値幅をトレードの最中の値幅の20日移動平均と比較した場合、原油の場合に見られる現象が一般的で、仕掛けたあとの値幅には統計学的に有意な変動はない。ここで用いているルールに従った場合、仕掛けたあとの日々の値幅は通常その値幅の移動平均とほぼ同じになる。しかし、結果は統計学的に検証するだけでなく、視覚的に検証することも重要だ。

図5.5を見てみよう。これは仕掛けたあとの値幅から値幅の20日移動平均を引いたものをプロットしたものだ。この分布の平均はゼロだが、グラフを見るとプロット点は上に偏っていることに気づくはずだ。これらのプロット点が損切り価格に達する可能性のある値だ。-0.2より下のプロット点は1つしかなく、しかもかろうじて-0.2を下回る程度である。つまり、値幅が20日移動平均よりも20ティック以上縮小することはないということである。一方、値幅は拡大することが多いが、そこには法則性はなく気まぐれに拡大する。

図5.5からは値幅が0.2以上拡大することは分かるが、それがトレードの最中のどの時点で発生するかは分からない。**図5.5**を書き換えた**図5.6**を見ると、値幅が0.2以上拡大する日は通常は1日、ときたま2日あることが分かる。つまり、値幅は通常仕掛けたあと拡大してトレードの間中拡大し続けるということはないということである（これは

図5.5 仕掛けたあとの値幅（これは日々の仕掛け後の値幅から20日移動平均を引いた値をプロットしたもの。プロット点の大部分が－0.2と＋0.2の間にある。また、－0.2以上縮小することはまれだが、＋0.2以上拡大することはよくある）

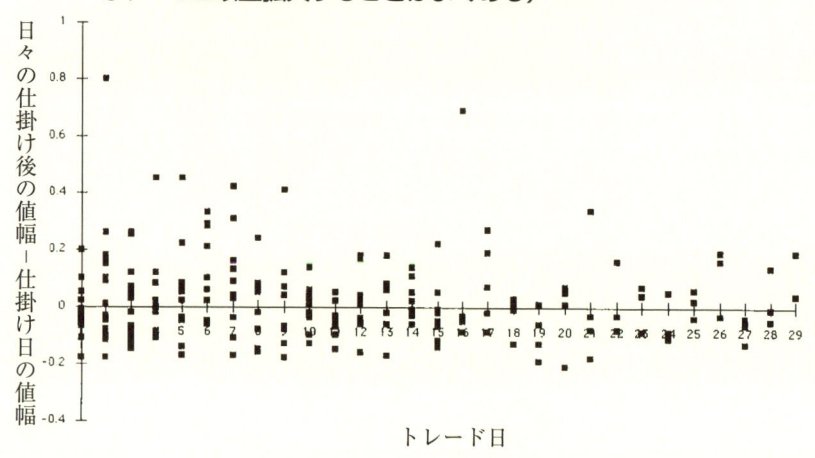

縦軸：日々の仕掛け後の値幅－仕掛け日の値幅
横軸：トレード日

図5.6 値幅の拡大（値幅は仕掛け後に拡大することは少なく、値幅が0.2以上拡大するのは極めて気まぐれ）

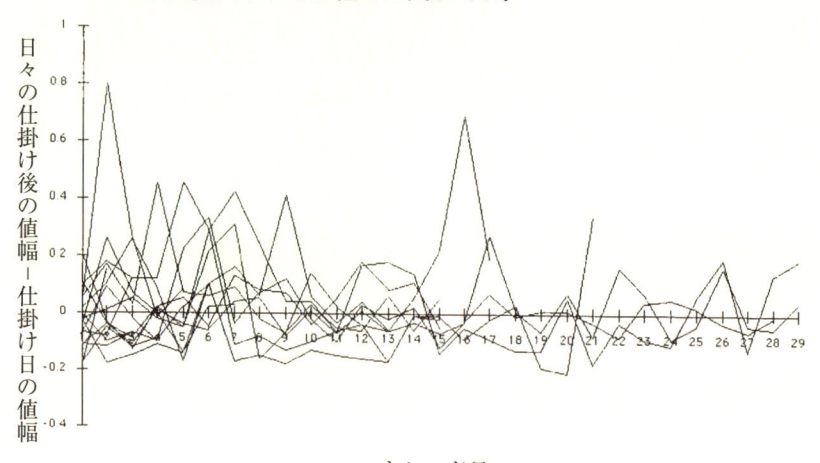

縦軸：日々の仕掛け後の値幅－仕掛け日の値幅
横軸：トレード日

トレード対象やトレーディングルールによって異なるため、トレード対象やトレーディングルールが違えば結果は違ってくることに注意）。大きく拡大することはあるが、それは一時的なものにすぎない。しかし、価格が損切りに達するのはこんなときである（値幅は絶対に0.2以上縮小しないとは言えない。詳しいデータはこのあと示すが、0.6も縮小することもある）。

　ところで、勝ちトレードと負けトレードにおける値幅の変動に大きな違いはあるのだろうか。MAEの場合と同様に、勝ちトレードと負けトレードの値幅の変動を別々にプロットした**図5.7**を見てみよう。

　図5.7は仕掛け後の値幅から値幅の20日移動平均を引いた値をプロットしたものであって、実際の値幅ではないことに注意しよう。ほとんどの数値は0.2を下回り、ゼロ周辺かそれより少しだけ大きいものがほとんどだ。値幅の拡大の気まぐれな性質はここにも現れている。2日以上にわたって値幅の拡大が0.2より大きいトレードはわずか1つしかない（このトレードは5日間にわたって値幅の拡大が0.2より大きく、勝ちトレードになった）。

　値幅の拡大の平均値となると若干違ってくる。負けトレードの場合、平均は0.00808でゼロとほとんど変わらない。一方、勝ちトレードの場合、平均は0.02602で、かろうじて有意といったところか（測定値は2桁だが、平均値が2桁以上になるのは統計上のマジック）。パラメトリック統計学では**図5.8**に示したようなトレーディング状態は把握できない。

　図5.6から示唆されるように平均はゼロよりやや大きくなるが、ゼロに近い値になることは**図5.7**を見ると分かる。しかし、値幅の拡大の気まぐれな性質を考えると、**表5.1**に示した実際の統計量は特に例外的というわけではない。

　このデータにおいて幸いなのは、値幅の拡大が発生するのは勝ちトレードの場合が多いことだ。さらに、MAEの検証で分かったように、

図5.7 上は、勝ちトレードの値幅の拡大（もっとデータ量が多ければ値幅は劇的に縮小することもある［ある例の最大縮小幅は0.6］が、それは極めてまれ。勝ちトレードの場合、一般に値幅の拡大は0.2を上回ることが多い［図5.6を参照］）
下は、負けトレードの値幅の拡大（負けトレードの場合、値幅の拡大が長続きしないだけでなく、勝ちトレードの値幅の拡大よりも小さい一方で、この限定的な例を見ても分かるように値幅の縮小は頻繁に発生する）

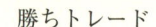

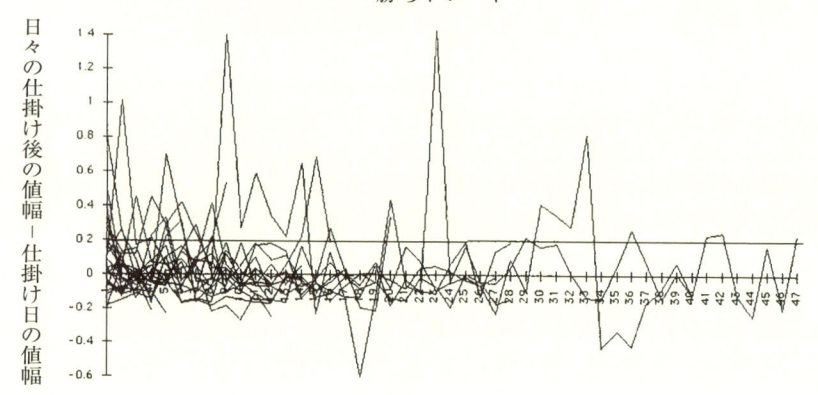

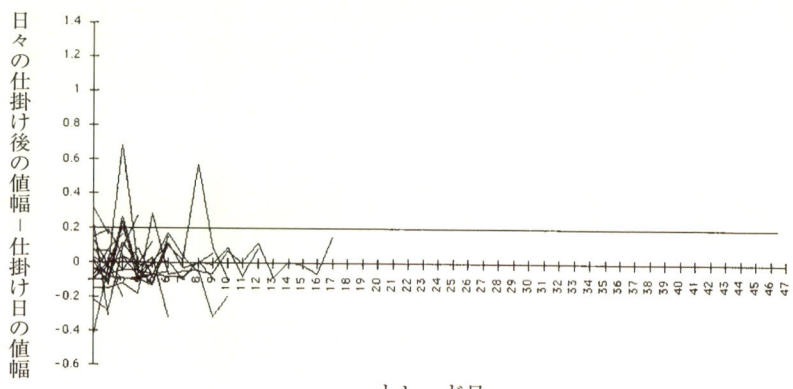

図5.8 値幅の拡大と値幅の20日移動平均との比較（勝ちトレードと負けトレードの値幅の拡大の平均はいずれもゼロに近く、どちらの分布も若干の偏りはあるが、負けトレードの歪度はわずか1.1で、勝ちトレードの歪度は2.5である。勝ちトレードのほうが頻度が高いのは勝ちトレードのほうが負けトレードよりも長続きするからである［右側の裾が長いことに注意］）

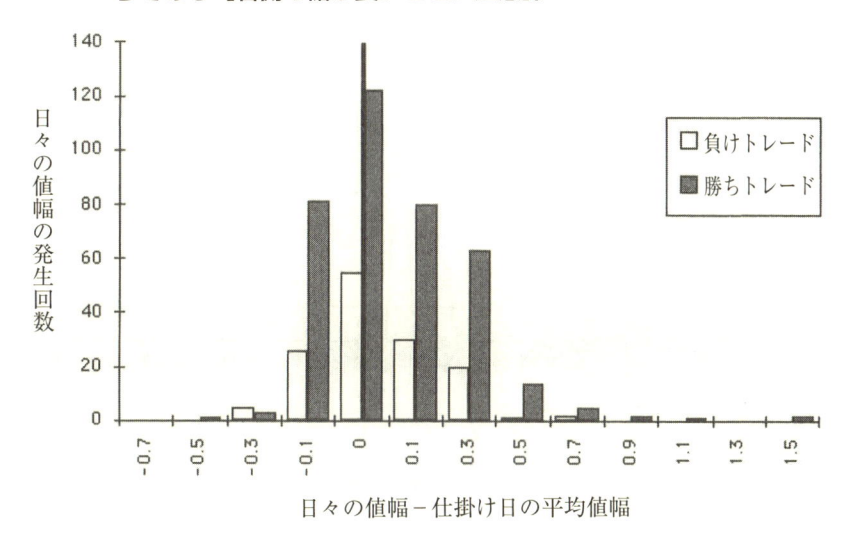

（縦軸：日々の値幅の発生回数、横軸：日々の値幅－仕掛け日の平均値幅）

凡例：□ 負けトレード ■ 勝ちトレード

表5.1 勝ちトレードと負けトレードの値幅の拡大（ここに示した分布をグラフ化したものが図5.7）

	139回の負けトレード	374回の勝ちトレード
最大値	0.68	1.43
最小値	−0.43	−0.60
平均	−0.02	0.03
標準偏差	0.15	0.21
歪度	1.03	2.54
尖度	4.27	12.48

表5.2 仕掛け後の値幅と仕掛け日の値幅の20日平均との差(表5.1と比較すると、表5.2では勝ちトレードは値幅が8ティック[0.08ポイント]拡大しているのに対して、負けトレードは若干縮小している。勝ちトレードと負けトレードともに標準偏差が大きいのはいずれも分布の裾が長いことが原因)

	139回の負けトレード	374回の勝ちトレード
最大値	0.73	1.79
最小値	−0.44	−0.39
平均	−0.03	0.08
標準偏差	0.16	0.25
歪度	0.97	2.58
尖度	3.75	10.58

勝ちトレードは仕掛けから大きく逆行することはない。必ずしもこうなるとは言えないが、勝ちトレードは仕掛けから順行することが多い(これは当然と言えば当然だろう)。したがって、勝ちトレードの場合、値幅もわれわれに有利な方向に拡大するのが普通だ(ときには例外もあるが)。もし値幅がわれわれに不利な方向に拡大するのなら、価格は大きく逆行するはずである。

ただし、前にも言ったように、用いるデータによって違った振る舞いを見せることもあるので注意しよう。

仕掛け日における値幅の20日移動平均との比較

仕掛け日における値幅と仕掛け後の値幅

これを比較する別の方法を見てみよう。表5.1の値は仕掛け後の値幅とトレードの最中の値幅の20日単純移動平均との差を示している。

このメリットは平均値が分かることであるが、将来の平均値幅はこの値とは違ってくるはずだ。あなたが分かっているのはあくまで仕掛けた日の平均値幅である。**付録H**は、仕掛け後の値幅と仕掛け日の値幅の20日移動平均を比較した（差し引いた）ものだ（**表5.2**を参照）。

　表5.2の統計量の元データは**表5.1**と同じだが結果は違っている。負けトレードの値幅の縮小は**表5.1**とほぼ同じだが、勝ちトレードの値幅の拡大は0.03から0.08と倍以上になっている。また、勝ちトレードの値幅の拡大の最大値は増大しているが、最小値は減少している。正規化した値、つまり標準偏差、歪度、尖度はほとんど変わらない。拡大率は仕掛け日の20日平均の25％（0.08÷0.32＝25％）である。

　この場合の勝ちトレードと負けトレードの値幅の拡大分布はどんな形になるのだろうか。これを示したものが**図5.9**である。勝ちトレードと負けトレードの分布が異なるのは明らかだ。負けトレードの分布のピークは－0.1領域（－0.1～－0.2999区間）にあるが、勝ちトレードの分布のピークは0～－0.099999区間にあり、勝ちトレードの場合も値幅の縮小が若干ある。しかし、勝ちトレードの分布は右側の裾が長い。このため平均が0.08と大きくなっている。

　負けトレードの原因は価格の縮小であることは明らかだ。一方、勝ちトレードの場合、価格が縮小するトレードはたくさんあるが、仕掛け後の値幅は拡大する傾向がある。いずれの分布も0.1～－0.1区間に全トレードのほぼ50％が含まれる。平均値の位置が異なるのは分布の裾が長いか短いかによる。価格の動きが順行でなければ、損切りを置くのは多少のリスクを伴う。

　これら2つの分布はMAEによる損切りに影響を及ぼすほど重大なものなのだろうか。それを調べるために、これらの値幅の拡大をMAEによる損切り水準と比較してみよう。ここで使っているデータの場合、MAEによる損切り水準は0.31から0.51の間の数字であった。損切りをこの水準に置けば、負けトレードの縮小の平均（3ティック）

図5.9 仕掛け後の値幅の拡大（図5.8と違って、仕掛け後の値幅と仕掛け日の値幅を比較した場合、勝ちトレードと負けトレードの分布は大きく違ってきており、平均値を見ると、負けトレードの値幅は0.03縮小し、勝ちトレードの値幅は0·08拡大する［右側の裾が長いことに注意］）

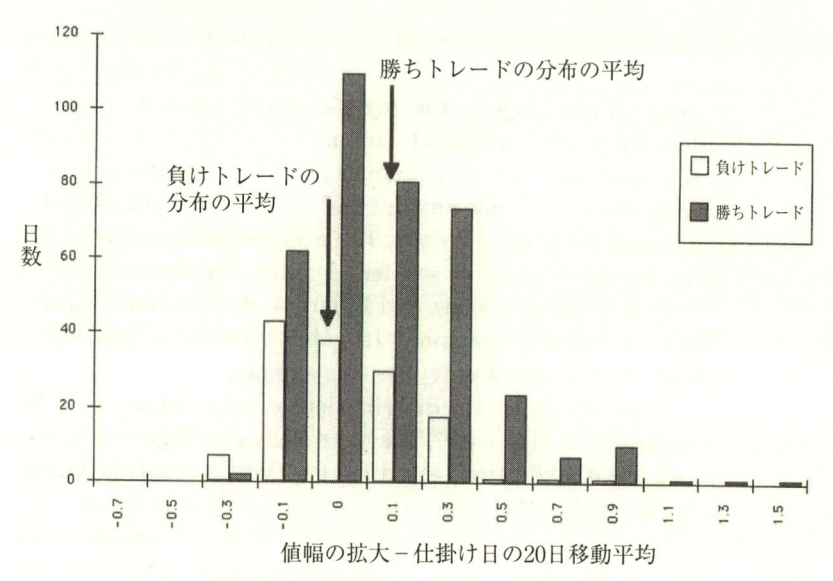

と拡大の平均（最大で30ティック）は、値幅が同じだけ拡大または縮小すれば（つまり、高値と安値まで拡大または縮小すれば）、それぞれ1～2ティックの縮小と最大で15ティックの拡大になる。これらの数値は十分に既存のMAEによる損切りの範囲内にある。

しかし、勝ちトレードの場合はリスクを伴う。実は勝ちトレードの場合、値幅の拡大が最大で90ティックにもなることがあるのだ。勝ちトレードの値幅が縮小すれば問題はないのだが、勝ちトレードの値幅はおよそ50％の確率で拡大する（この例では53％の確率で拡大する）。勝ちトレードの利益によって値幅の拡大は相殺されるのだろうか。思い出してもらいたいのは、値幅の拡大は気まぐれに発生するということである。値幅の拡大は損切りが仕掛け位置の近くに置かれたとき仕

図5.10　勝ちトレードの値幅の拡大は気まぐれ（仕掛け日の値幅を基準点にして測定すると、勝ちトレードはトレードの最中に何度も値幅が拡大する。このグラフは図5.7の上のグラフに似ている）

値幅の拡大（単位＝100ポイント）

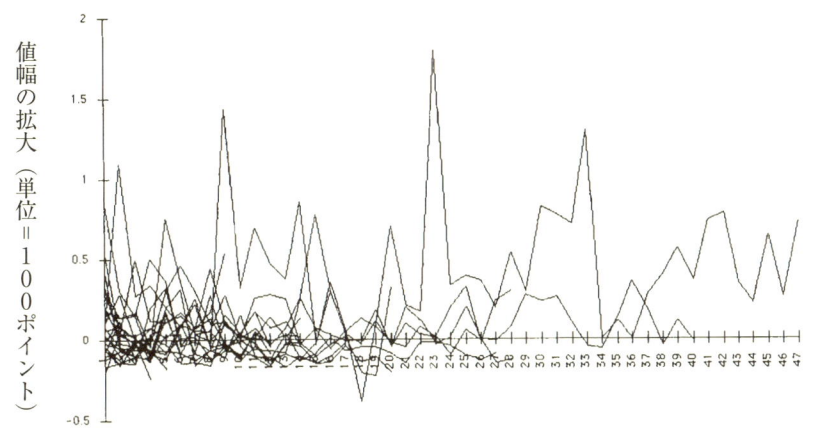

トレード日

掛けの近くで発生するのだろうか、それとももっとあとになって発生するのだろうか。この2番目の問題を考えるに当たって**図5.10**を見てみよう。これは値幅の拡大をトレード日ごとにプロットしたものである。グラフを見ると分かるように、勝ちトレードの値幅はいつ何時に拡大するかは分からない。

　値幅の拡大の速さは利益の伸びよりも速いかどうかという最初の問題に関しては、明確な証拠がないため何とも言えない。値幅が日々の値幅の両端（高値と安値の位置）まで同じように拡大すると仮定すれば、0.04（＝0.08÷2）の拡大によって0.3から0.5の範囲内にあるMAEによる損切りが脅威にさらされることはない（あなたのトレード対象とトレーディングルールでは同じ結果にはならないかもしれない。ここで見ているのは1つの分析例に過ぎないことに注意しよう）。勝ちトレードの利益とそのトレードの最中の値幅の拡大とを比較（**図**

図5.11 値幅の拡大とトレード利益の成長（これらのグラフは勝ちトレードの値幅の拡大速度と勝ちトレードの利益の成長速度を比較するためにいくつかのトレードをプロットしたもの。グラフ中の「最小利益」は買いポジションの場合は安値－仕掛け値で、売りポジションの場合は仕掛け値－高値を意味する。値幅の拡大速度がトレード利益の成長速度を上回るという証拠はこれらのグラフからは得られなかった）

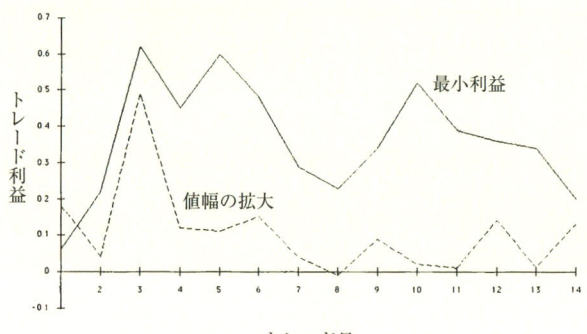

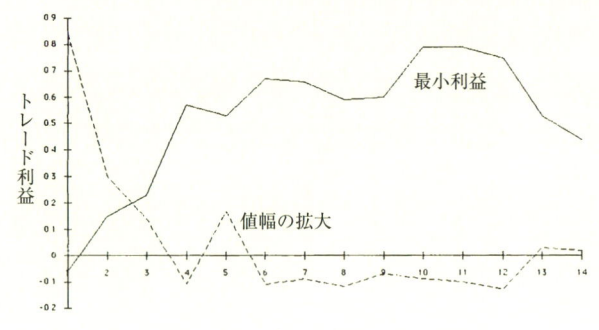

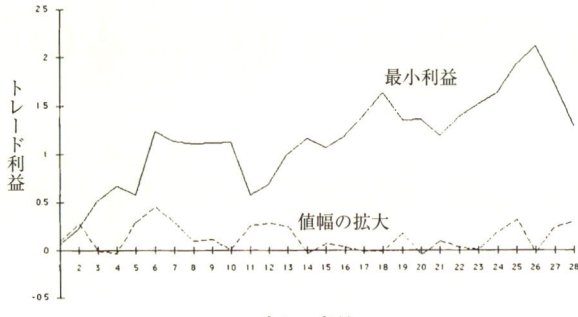

5.11) してみると、トレードの利益が伸びる速度のほうが値幅の拡大速度を上回るのが普通だが、こうした値動きをどのようにまとめればよいのかは分からない。

あなたのトレード対象とトレーディングルールでは値幅の拡大はこれよりも大きいかもしれないが、原油の場合は値幅の拡大は無視できるほど小さい。損切り幅はせいぜい値幅の拡大の平均の2分の1（4ティック）程度広げればよいだろう。ここで示した分析例と**付録H**を参照しながら、自分のトレード対象およびトレーディングルールで分析してみよう。

MAEと仕掛け日の値幅

ボラティリティや値幅のボラティリティの拡大に伴って損切り幅を広げる、という考え方は興味深いものではないだろうか。直観的には正しいように思えるが、自分のトレード対象で確認してみる必要がある。その1つの方法は、最大逆行幅を仕掛け日の値幅と比較するというものだ。勝ちトレードの逆行幅が値幅よりも大きければ、この考え方は正しいことになる。

一例として、仕掛け日の値幅の20日平均を1983年から1994年までの原油トレード（252回のトレード）におけるMAEと比較してみた。定量化できる関係があるという前提の下、MAE（単位＝ポイント）を値幅の20日平均（単位＝ポイント）で割ってみた。**図5.12**は得られた分布を示したものだが、このデータでは勝ちトレードと負けトレードとの間には明確な違いのあることが分かる。

勝ちトレードは大きく逆行することはないため、逆行幅は小さく、仕掛け日の値幅に対するMAEの比率は負けトレードのそれよりも小さくなるはず、という予想どおりの結果である。値幅の拡大に伴って損切り幅をどれくらい広げればよいかはこの分布の違いから分かるだ

図5.12 MAEと仕掛け日の値幅との比較（このデータ[11年にわたる原油トレードのデータ]においては、逆行幅と仕掛け日の値幅との関係は勝ちトレードと負けトレードとでは大きく異なる）

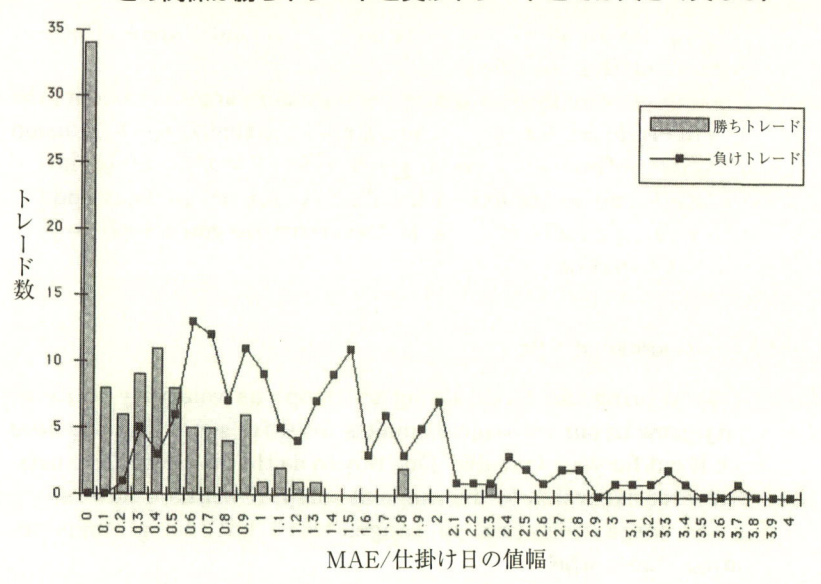

ろうか。負けトレードの場合、価格は必ずMAEによる損切り水準に達する。したがって、勝ちトレードの分布に焦点を絞って見てみることにしよう。

　図5.13のグラフを見ると、MAEの仕掛け日の値幅に対する比率の大部分は1.0より小さい区間に集中していることが分かる。これは、一般にMAEが日々の値幅よりも小さいことを意味する。このデータにおける値幅の平均が0.32であったのに対して、勝ちトレードのMAEの平均は0.11であった。平均比率（MAEの仕掛け日の値幅に対する比率）は0.35であった。比率が1.0より大きいトレードはわずか7つしかない。日々の値幅の2分の1はMAEによる損切りの方向に発生すると仮定するならば、損切り幅を広げなければならないのは比率

図5.13 勝ちトレードのMAEと仕掛け日の値幅との比較（MAEの値幅に対する比率が1.0のとき、MAEと値幅の値は等しいことを意味する。原油の勝ちトレードのなかで比率が1.0を超えるものはほとんどないため、損切り幅を広げる必要はない）

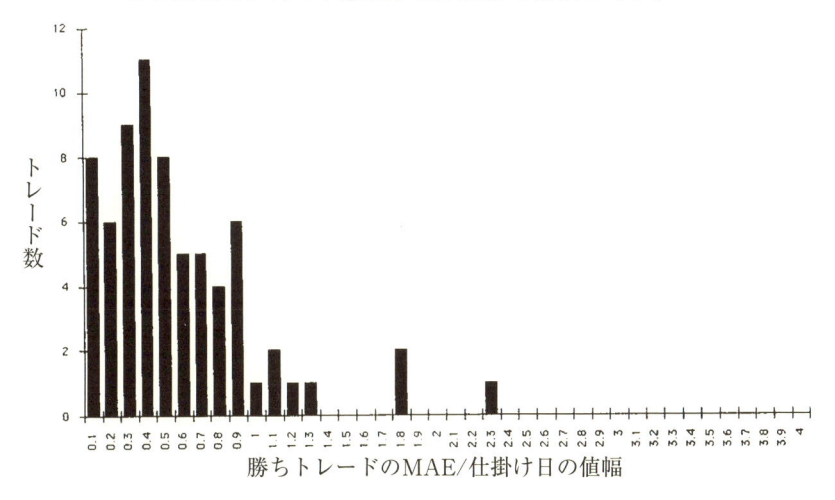

が2.0（つまり、MAEの大きさが値幅の大きさの2倍ということ）のときのみということになるが、これに該当するトレードは1つしかなかった。

　数値がゼロのトレード（つまり、逆行がゼロ）を除いた残りのトレードの平均比率を計算すると0.52になる。つまり、逆行した勝ちトレードの平均逆行幅は仕掛け日の値幅の大きさの2分の1ということになる。ただし、グラフを見ると分かるように、それよりもはるかに大きな逆行を経験した勝ちトレードももちろんある。このように控えめに評価した場合でも、損切り幅を広げる必要性はないという結果が出た。

図5.14 大きく異なる勝ちトレードと負けトレードの分布（値幅のボラティリティが高かったためにMAEによる損切り幅を0.3から0.45に広げれば勝ちトレードの数は4つ増える可能性があるが、勝ちトレードから負けトレードに転じるトレードのほうが多くなる）

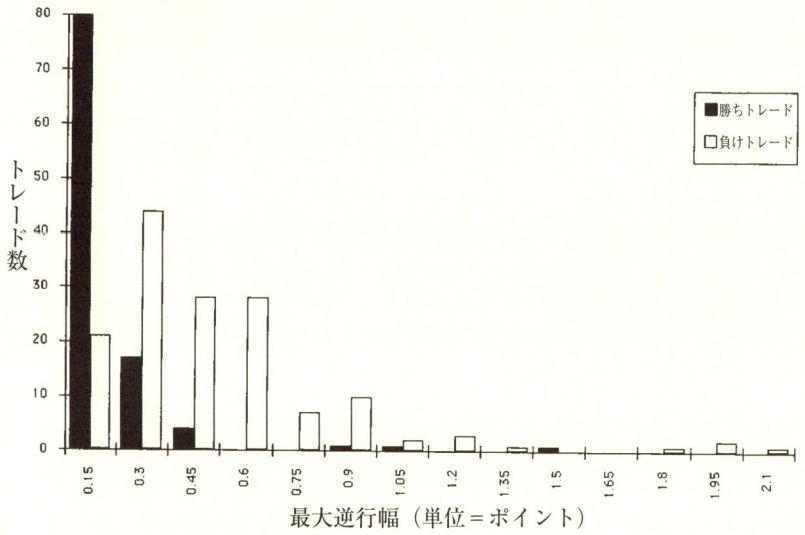

問題はまったくないのか

　値幅の拡大に基づいて損切り幅を広げたり狭めたりするという考えに対する3番目の問題は、用いるデータに値幅のボラティリティが反映されているかどうかである。最初のMAEによる損切りやドテン水準を決めるとき、ボラティリティのことは特に考えなかった。つまり、ボラティリティがどういう状態であろうと同じ値になるわけである。したがって、まず最初に、ボラティリティの影響はMAE分布にすでに織り込み済みであると想定しなければならない。図5.14のように勝ちトレードと負けトレードの違いが明確な分布によれば、仕掛け位置に極めて近い位置に置いた損切りによって打ち切りになる勝ちトレ

図5.15　一定の傾向を持たない分布（図5.12とは対照的に、逆行幅の大きな勝ちトレードがあちこちに散らばっている。このトレード対象は値幅のボラティリティがMAEによる損切りに影響を及ぼす可能性がある）

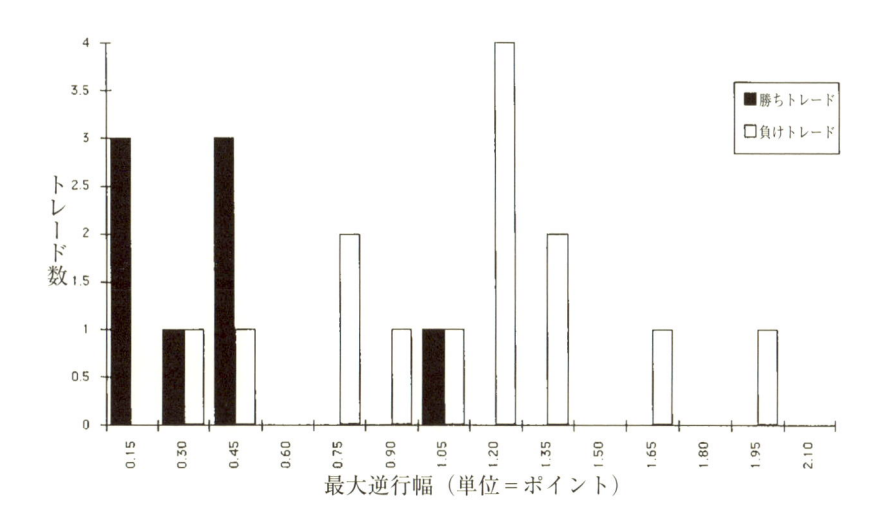

ードはほとんどないことが分かる。一方、分布の裾が長い場合は何らかの調整が必要になる（**図5.15**）。

　現実世界の一例として**図5.15**を見てみると、損切り幅を0.45から1.05に広げてもあまり効果があるようには思えない。損切り幅を1.05にすれば勝ちトレードよりも負けトレードのほうが増えてしまうだろう。しかし、**図5.15**に示したような状態は珍しいことではない。『キャンペーン・トレーディング』を読んだ人なら分かると思うが、損切り幅を広げれば勝ちトレードの数は減少し、負けトレードの数は増える。逆行幅が大きくなるにつれこの傾向は高まる。したがって、損切り幅を広げれば損失はより大きくなる。

　さらに、原油では値幅の拡大は気まぐれであることが分かっている

ので、仕掛ける前に値幅が異常な動きをしたとしても、それほど深刻には取らないだろう。値幅が1回だけ異常に拡大したとしても、その後も異常な拡大が発生するとは限らないのである。

しかし、値幅のボラティリティが異常な期間を特定することができれば、既存の損切りの位置に影響を及ぼすだろうか。おそらくは、日々の値幅が「正常値」を上回っていることを知れば、その期間に建てたポジションの損切り幅は広げたほうがよいことが分かるだろう。こうした値幅のボラティリティを引き起こす要因としては、ニュース、季節性、先物やオプションの満期が近づいている、トレーディングに対する関心の高まりなどが挙げられる。

通常の値幅

トレーダーであれば値幅の通常の大きさがどれくらいなのかは知っているはずだ。しかし、それを客観的に定義するとなるとそれほど簡単ではない。そこで通常の値幅の大きさを知る方法を紹介することにしよう。「通常」の値幅は狭い。今の値幅が平均的なものなのか、広いのか、損切りの設定を変更しなければならないほど広いのかは、「通常」の値幅に基づいて判断することができる。

例えば、**図5.16**は11年にわたる原油の日々の値幅の平均の分布を示したものだ。値幅はゼロを下回ることはないので、いわゆる正規分布にはならない。実際、200ティック（チャート上の数値では2.0に相当）を上回る値幅の日が7日あり、チャートには描けなかった。こういった状況における「正常」な値幅とは、また正常ではない値幅とはどういった値幅になるのだろうか。

図5.16を視点を変えて見てみることにしよう。**図5.16**の累積比率分布を示したものが**図5.17**である。数学の授業では、正規分布では全事象の67％が±1標準偏差以内に含まれることを学んだはずだ。

第5章 ボラティリティの変化による影響

図5.16 日々の値幅の分布（これは1983年の終わりから1994年10月までの原油の日々の値幅の分布を示している。メジアン［中央値］は0.28で、これは平均値の0.32とほとんど同じだが、分布の右側の裾が長いため「通常」の値幅には歪みが生じる）

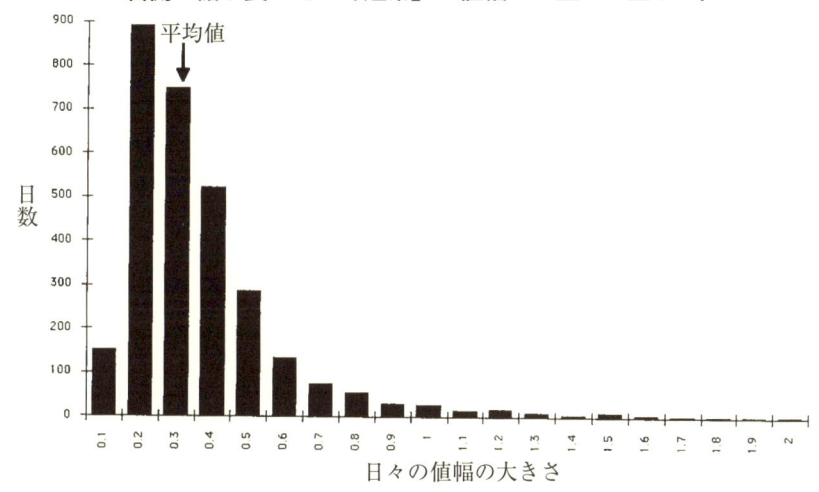

図5.17 値幅の累積比率分布（分布は一定の範囲内に集中しており、全値幅の64％がゼロと0.32［分布の平均値］の間に含まれる）

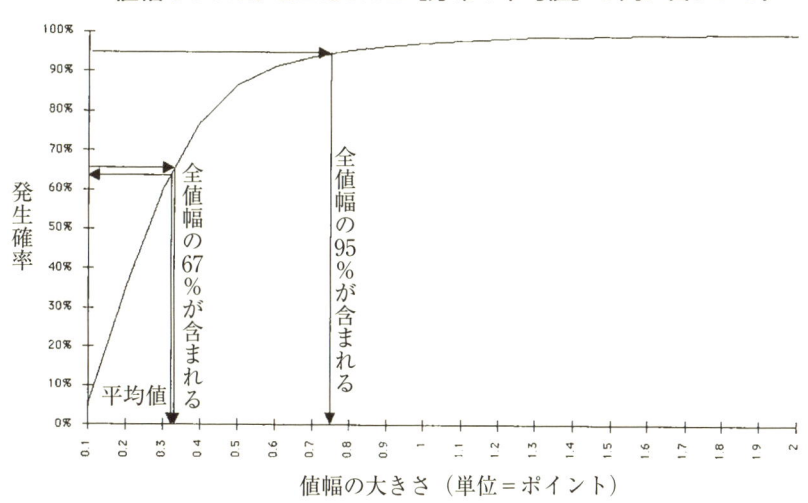

また2標準偏差の範囲内には全事象の95％が含まれる。**図5.17**では横軸に値幅の大きさを取り、縦軸に発生確率を取っているため、95％の確率で発生する値幅の大きさはグラフを見れば一目瞭然だ。

図5.17を見ると分かるように、値幅は20ティックと30ティックの間に集中しているため、全値幅の64％（1標準偏差の範囲内）は平均値（0.32）以下になる。「正規分布」では全事象の67％が1標準偏差の範囲内に含まれることを前提とするならば、この分布では全値幅の67％が0.01と0.34（平均値よりも2ティック大きい）の間の値を取ることになる。67％でも悪くはないが、全値幅の95％を含ませたいのであれば、0.75（平均値の2倍）までの値幅を含めなければならない。その場合、日々の値幅がどういった数値のときに損切り幅を広げればよいのだろうか。この値幅区間を通常の値幅と考えるのならば、日々の値幅が75ティック（0.75ポイント）を超えたら損切り幅を広げるということになる。損切り幅を広げるときの一般則は、日々の値幅が過去の値幅の95％が含まれる値幅を超えたら損切り幅を広げる、ということになる。どれくらい広げるかは測定した値幅の拡大量による。原油の場合、MAEや勝ちトレード・負けトレードの大きさとは無関係に、平均値幅が0.75を上回るケースは13回あった。

仕掛け日の値幅	損益	MAE
0.77	−0.32	0.32
1.07	0.87	1.38
0.87	−0.87	0.87
1.14	−1.64	1.92
1.10	0.77	0.90
1.07	−2.05	2.05
1.05	3.72	0.00
0.86	5.06	0.00
0.82	−0.70	1.14
0.88	0.48	0.00
0.83	−1.81	1.81
0.71	−1.27	1.67
0.74	0.15	0.13

まとめ

　値幅のボラティリティが上昇したときに損切り幅（特に、MAEによる損切り幅）を広げるという考えは直観的に興味深いものである。このアイデアがあなたのトレード対象とトレーディングルールの組み合わせに適用できるかどうかは、順行・逆行分析を使って調べることができる。

　手順としては、まず自分のトレード対象の日々の値幅に対して**図5.17**に示した累積比率分布を作成する。これによって「通常」の値幅がどれくらいになるのかを知ることができる。これが終わったらステップ2に進む。

　ステップ2では勝ちトレードと負けトレードの値幅の拡大幅を調べる。この第5章の原油の例では、負けトレードの値幅はわずかに縮小し、勝ちトレードの値幅は拡大することが分かった。値幅が拡大した場合（**表5.2**を参照）、値幅の推定拡大量の2分の1だけMAEによる損切り幅を広げる。

　原油の例では、原油の値幅は平均値幅の25％も拡大することがあることが分かった。私の経験によれば、必ずしもというわけではないが、値幅の拡大は測定するというよりも、むしろ感覚的にとらえるべきものである。値幅の変動も価格の変動も気まぐれに発生するため、一般則どおりのものよりも例外的なもののほうが記憶に残りやすい。

第6章

連続逆行が及ぼす影響

Runs Effects

資産の保全

　順行・逆行分析で逆行についての情報を得ることの最も大きな利点のひとつは、今考えているトレード対象とトレーディングルールの組み合わせでトレードするのに必要な資金額を把握することができるとともに、そのトレードを行うべきかどうかを見極めることができることである。逆行についての情報が得られれば、次のようなことが可能になる。

1．大きな損失の発生を避けることができる。価格が大きな窓を空けたとき、価格はあなたが設定した損切り水準を飛び越えることが多い。オプショントレーダーの場合、こういった事態にできるだけ陥らないようにすることができる。
2．今考えているトレード対象とトレーディングルール、そして自分が使っている損失管理方法の組み合わせでトレーディングを行う場合、どれくらいの資金が必要になるかを知ることができる。
3．それぞれのトレードで損切りをどこに置けばよいかを知ることができる。

これらはトレードを行ううえで重要なことばかりだが、小口のトレーダーの場合、勘と経験を頼りに当て推量で決めることが多い。大口トレーダーやマネーマネジャーたちでさえも、自分の損切り戦略に対して明確な説明ができない人が多い。

　逆行についての情報を使えば、それぞれのトレードを効果的に管理できるばかりか、トレンド相場、レンジ相場などさまざまな市場状態で、また分割して仕掛けるときの増し玉トレード、カウンタートレード、ドテンなどさまざまな戦術でトレードできるようになる。その結果、1つのトレーディングシステムで一時にこれまでよりもはるかにアクティブにトレードすることが可能になる。

　なぜこれが重要なのだろうか。それは、それぞれの損失を制御したとしても、トレーディングを中止しなければならないほど資産に影響を及ぼすトレードが次々と発生することがあるからである。こうなると回復はまず不可能であり、壊滅的な損失を被ることになる。MAE(最大逆行幅)分析のそもそもの目的は壊滅的な損失を防ぐことなのである。

　トレード管理の面から言えば、損失が次々と発生(連敗)すれば、トレーディング戦略と2つのマネジメントプラン――トレーディング作戦そのものと補助的な戦略(賭け戦略。必ずしも使われるわけではない)――はもろに影響を受ける。

特定のトレーディング戦術に対する影響

　連敗が及ぼす最も大きな影響は、1つの特定の戦略を使ってトレーディングしているときの口座資産の減少(ドローダウン)である。個人トレーダーのほとんどは、そして大口トレーダーの多くも1つのトレーディング戦術しか使わないため、連敗が発生すると全神経がそこに向く。連敗に落胆した彼らの多くは、十分に検証し、連敗後に再び

効くはずのシステマティックなトレーディングルールを放棄してしまうのだ。

　それぞれの戦術にとって経験は最高の教師である。ほとんどのトレーディングサマリーには累積ドローダウン（未決済トレードと決済トレードの合計ドローダウンと決済トレードのみのドローダウンの場合がある）という項目が含まれている。MAEを使っているトレーダーのほうがほかの手段を使っているトレーダーよりも損切りに引っかかる確率が高いとも低いとも言えないからと言って、連敗する確率も同じとは言えない。MAEを使っているトレーダーは（MAEによる損切りを採用している）標準的なソフトウエアを使ってドローダウンの大きさを危険にさらされる資産額の概算値として入手することが可能だ。ただし、得られる値は「最大ドローダウン」であり、それは最良の尺度とは言えない。それぞれのトレードのドローダウンを測定し、その分布を調べる必要がある。

　これらのドローダウンの値を見て、それらが効果的な意思決定を行うのに有用なものかどうかを判断しなければならない。そしてもしそうなら、どの地点のドローダウンがそうなのか。例えば、それぞれのトレードの損失をトレード資産の２％に制限することができたとして、連敗数を減らすことができるか、ということである。これは、トレード対象とトレーディングルールの組み合わせによって発生する連敗の頻度によって違ってくる。あなたの使っているトレーディングルールでは負けトレードが多く勝ちトレードが少なかったとすると、そのトレード対象とトレーディングルールの組み合わせは、ほとんどが勝ちトレードだった組み合わせよりも連敗の頻度は高いはずだ。したがって、連敗の頻度を予測するには、それまでの記録を調べてみる必要がある。この実例については**付録Ｉ**を参照してもらいたい。

連敗の頻度

　まず最初に、ドローダウンの大きさを決め、決めた大きさのドローダウンが存在するかどうかを調べる。**図6.1**に示したように、1つのトレーディング戦術における口座資産をグラフ化すると、資産のドローダウンが長期にわたって発生している期間がひと目で分かる。**図6.1**は1つのトレーディング戦術（2つの移動平均線を使った原油の仕掛けシステム）における口座資産をグラフ化したものだ（このシステムについては詳しくは『キャンペーン・トレーディング（トレーディング作戦）』を参照のこと）。ここでは損切りとして0.31（31ティック、およそ310ドル。手数料は含まない）を用いた。グラフを見ると、何回か大きな利益が出ており、損失は小さなものが多いことが分かる。これはトレンドフォローシステムの典型的な特徴で、連敗の研究に打ってつけと言えるだろう。

　資産のドローダウン期間を見てみると、ほとんどの損失は小さな利益によってほぼ相殺されていることが分かる。しかし、700～900トレード日の期間とそのあとの2000、2500、2900トレード日周辺の期間では、損失が「長期にわたって続き」、その期間は口座資産が少しずつ減少しているのが分かる。口座資産が少しずつ減少する期間はほかにも見つかるかもしれない。われわれが注意しなければならない大きさの連敗はどれくらいになるのだろうか。

　図6.2と**図6.3**を見ると、これに対する答えが見えてくる。資産を前のピークより減らし、資産が再びピークを更新するまで続く連敗のことを連続逆行という。連続逆行を測定するには、前のピークと現在の口座資産を比較し、資産の減少率を毎日計算すればよい。結果をグラフ化すれば、有意水準を判断することができるだけでなく、視覚的にも分かりやすい（**図6.3**を参照）。

　図6.3はさまざまな連続逆行による資産のドローダウンを「資産の

第6章　連続逆行が及ぼす影響

図6.1　トレンドフォローによる仕掛け戦術における口座資産の変遷（何回か大きな利益が出ている。小さな損失が多いのはトレンドフォロー型システムの特徴。MAEによる損切りが損失を小さく抑えることに貢献しているが、長期にわたる連敗が多い）

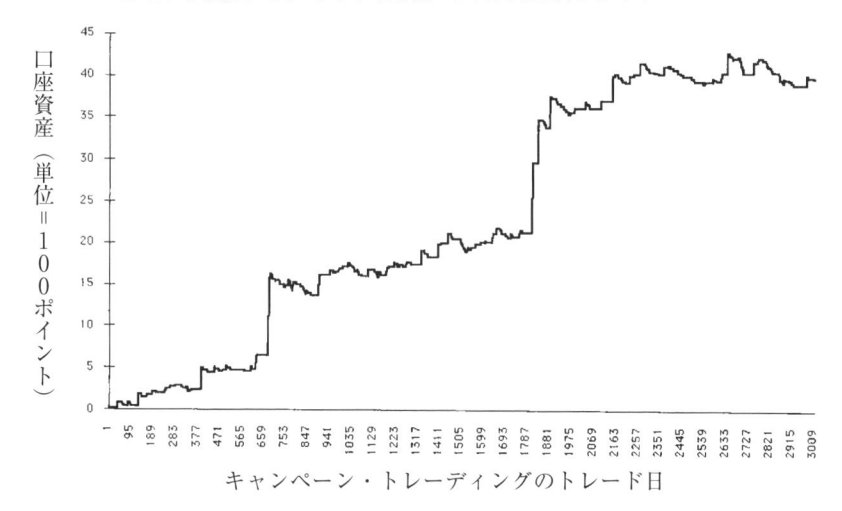

図6.2　資産の後退水準（AからGまでの水準はすべて連敗によって引き起こされたドローダウンで、連敗の大きさは資産の前のピークから測定する）

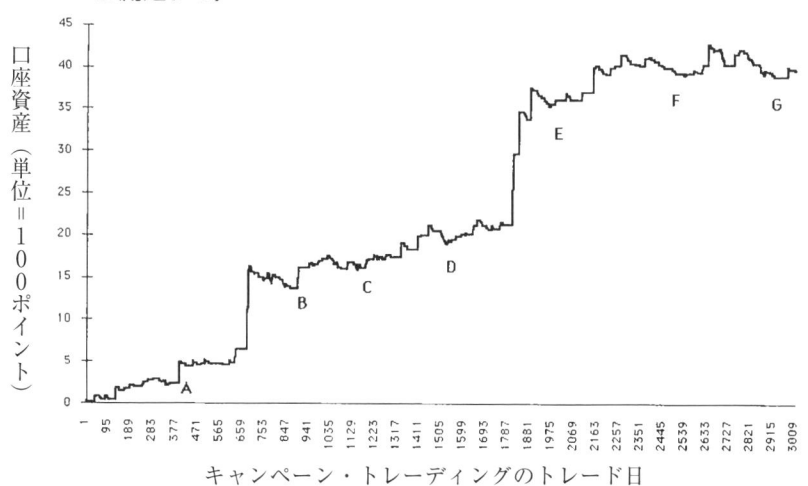

図6.3 ドローダウンを「資産＋利益」に対して測定したもの（連敗で最大「当初トレード資産＋利益」の８％のドローダウンが発生している。それを当初資産＋利益に対して測定したものが有効なのはトレード枚数が「１枚」か「増し玉しない」ときのみもっと厳しい基準を使ったもの［ドローダウンを当初資産のみに対して測定］が図6.4。Ａ〜Ｇは図6.2のＡ〜Ｇにそれぞれ対応している）

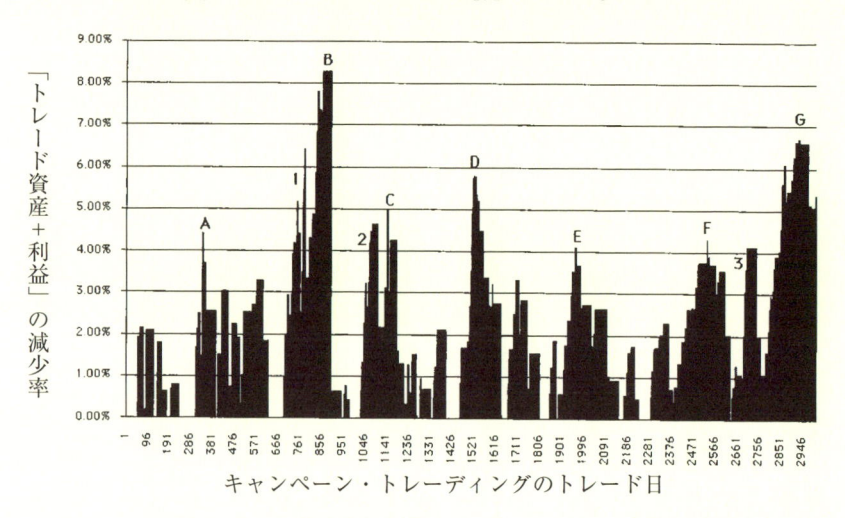

ピーク＋当初トレード資産からの減少率」としてグラフ化したものである。このグラフからは、連続逆行による資産のドローダウンには一定の法則性があり、この法則性を利用すれば、特定のトレーディング戦術において資産がピーク時からどれくらい減少したら連敗を気にする必要があるのかが分かる。**図6.3**には、少なくとも**図6.2**のドローダウンに対応するピークが現れている。

　図6.3において重要なピークは、資産が最大値を更新したあと４％以上減少したことを示すものである。資産が新たに最大値を更新すれば連続逆行に終止符が打たれ、Ｘ軸において棒グラフの存在しない箇所が資産が新たに最大値を更新した位置である。３つのピーク（１、２、３）は資産が新たなピークを更新する前に４％よりも少ない資産減少を記録した箇所だが、ドローダウンがまだ継続中であるため重要

な資産減少ピークには含めていない。つまり、こうした中間的な資産減少ピークに到達したあと、ドローダウンは一時的に減少はするものの、資産は依然として減少し続けていたということである。

　こうしたグラフは有意性の判断に役立つ。しかし、完全に客観的な判断基準が欲しいのであれば、最初の定義に戻って、収益の向上した期間によって中断させられたすべてのピークを数えるとよい。これを行えば、トレードの連続逆行によるドローダウンのほとんどはかなり小さいことが分かるはずである。

計算方法

　「『トレード資産＋利益』の減少率」の厳密な計算方法を見てみることにしよう。MAEによる損切りは310ドルで、とるリスクは全資産の２％なので、このトレード対象とトレーディングルールの組み合わせに対する必要トレード資金は次のように算出することができる。

310ドル÷0.02＝１万5500ドル

　310ドルの損切りで２枚以上、あるいは複数単位の株数でトレードしている場合の必要トレード資金は次のようになる（２枚の場合）。

２×（310ドル÷0.02）＝３万1000ドル

　図6.3のドローダウン（資産の減少率）は必要資産額１万5500ドル＋累積資産（利益）に対して計算したものである。その算出方法は以下のとおりである。

（最大資産－今日の資産）÷（１万5500ドル＋最大資産）

図6.3を見ると分かるように、ドローダウンには一貫性がある。このトレード対象とトレーディングルールの組み合わせによる11年にわたるトレーディングでは、大きなドローダウンが7回発生している。統計学的に有意と言えるほどの回数ではないが、連続逆行の頻度に関してはおおよその傾向が分かる。連続逆行の大きさは概算することが可能で、そのおおよその値は、資産が再び最大値を更新する前の「資産＋利益」の4％から8％である。潤沢な資産を持つトレーダーはこうした連続逆行に耐えられるかもしれないが、注意すべき点がある。それは、その連続逆行がいつ発生したかによって結果は違ってくるということである。例えば、トレードを開始した第1日目から連続的に逆行が発生すれば、資産の最大減少率はＢ地点の8.3％ではなく、それをはるかに上回る。

　（42.78 − 38.87）÷ 15.5 ＝ 25％

　したがって、ドローダウンは「そのトレーディング戦術の資産＋当初資産」に対して計算するのではなく、当初資産のみに対して計算すべきである。

もっと保守的な基準

　勝ちトレーダーは利益は貯金し、当初資産だけでトレーディングを継続することができる。つまり、利益は将来的におそらくは避けることのできない逆行の嵐に見舞われたときのために取っておくこともできるし、自分を守るためのMAEによる損切りや連続逆行の分析に基づいて、トレードする株数や枚数を増やすこともできるということである。しかし、私がお勧めするのは第三の道である。第一、または第二の道を選びたい人は、ドローダウンは当初資産に対して計算すべき

図6.4 当初トレード資産のみに対して算出したドローダウン（図6.3が「当初トレード資産＋利益」に対するドローダウンであるのに対して、図6.4は一切の利益を無視し、当初トレード資産のみに対するドローダウンを算出したもの。このグラフは原油の売買で25％のドローダウンが発生する可能性があることを示しているが、普通のドローダウンは10％から15％である）

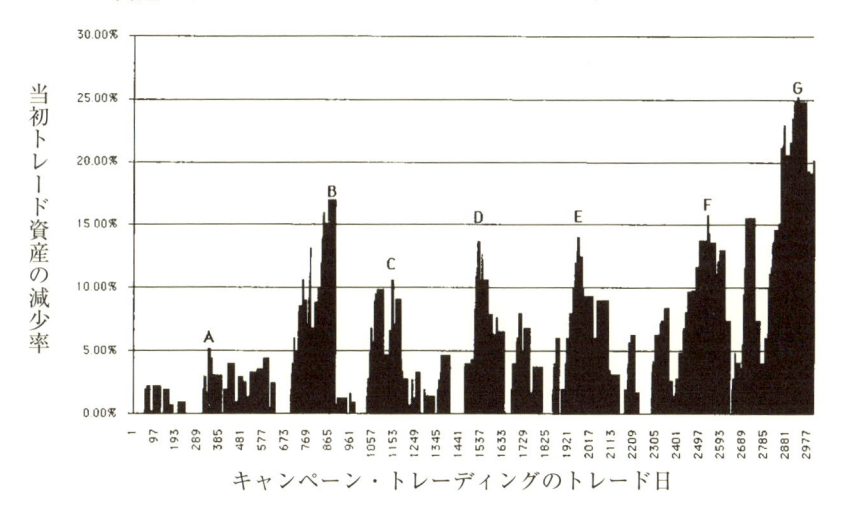

である（**図6.4**を参照）。

図6.4は連続逆行のより深刻な問題を示したものだ（トレード対象は原油）。一番右端のドローダウンは以前述べた25％のドローダウンを示している。通常のドローダウンの大きさは15％だが、もっと大きなドローダウンが発生することもある。最悪のケースでは、5％の逆行は50％以上の確率で10％から15％に増大するが、トレーディングを中止する一般的な判断基準となる40％までには増大しない。**図6.3**のようにドローダウンの計算に利益を含めれば、ドローダウンが40％になることはまずない。つまり、ドローダウンが当初資産の10％から15％になる可能性が高いにもかかわらず、それによって被った損失は取り戻され、同等以上の大きさの逆行が再び発生する前に資産は最大値を更新することになる。

表6.1 ドローダウンの大きさと発生頻度（図6.1～図6.3の作成に使ったのと同じデータを使って、利益が上昇する期間に発生するすべてのドローダウンと発生頻度をまとめたもの。このようにデータを表にすればドローダウンの大きさと発生頻度は一目瞭然で、これをグラフ化したものが図6.5である）

当初トレード資産の減少率	発生回数	発生確率	累積確率
0%	0	0%	0
2	3	18	0.18
4	5	29	0.47
6	3	18	0.65
8	1	6	0.71
10	0	0	0.71
12	1	6	0.76
14	1	6	0.82
16	1	6	0.88
18	1	6	0.94
20	0	0	0.94
22	0	0	0.94
24	0	0	0.94
26	1	6	1

トレードを始めてすぐに大きなドローダウンが発生する確率

　結局、11年という長期にわたる検証は示唆的なものであり、そういう可能性もあるということしか言えず、必ずしもそうなるわけではない。トレードを開始していきなり40％のドローダウンが発生すれば破産は免れないが、この例が示唆するものはそういった大きな連続逆行が発生する可能性はきわめて少ないということである。この例では40％のドローダウンは１回も発生していない。この例ではドローダウンが発生したのは200日なのでドローダウンが発生する確率はおよそ45％だ。また、そのうちドローダウンが25％になる確率は17分の１で、この最悪のドローダウンが第１日目に発生する確率は３％を下回る。実際の確率は**表6.1**に示したようにそれよりもさらに低くなるこ

図6.5 ドローダウンの発生確率（連続逆行によるドローダウンの大きさとその発生確率［表6.1の一番右の欄の累積確率］をグラフ化したもの。この限定的なグラフからは資産がピークに達してから次にピークを更新するまでの間に発生したドローダウンの70%が10%以下であることが分かる）

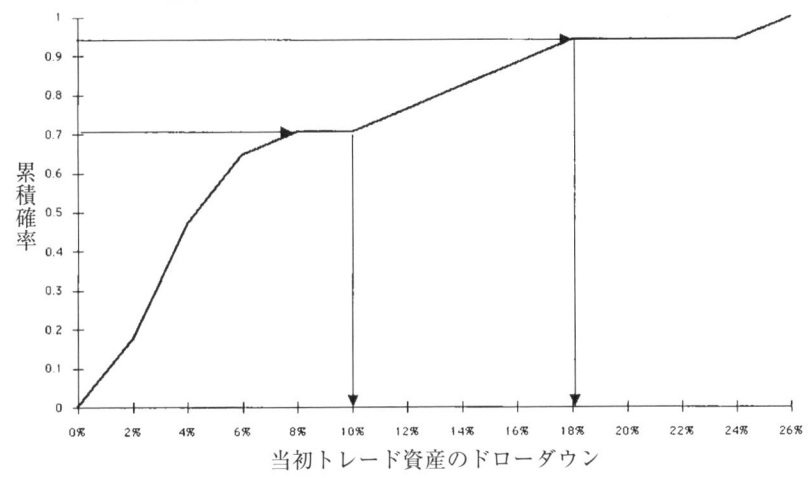

ともある。

　どれくらいの大きさのドローダウンが発生するかは、**表6.1**と**図6.5**に示したドローダウンの発生分布を見ると分かる。

　図6.5を見てみると明らかなように、当初資産＋利益に対して当初資産のみに対するドローダウンはほとんどが小さく、全ドローダウンの70%が10%以下である。このようにドローダウンが小さな値に集中しているということは、そのトレード対象とトレーディングルールの組み合わせはうまくいくということである。さらに、全ドローダウンの94%が18%以下というのも、その組み合わせがうまくいくさらなる証拠になる。加えて留意すべきことは、ドローダウンがトレード資産のピークから次にピークを更新するまでの全期間として定義されている点である。つまり、短い間隔で発生するドローダウンは利益の新た

な更新によってとぎれ、資産曲線は依然として上昇し続けていたということである。もしドローダウンが途切れることなくずっと継続していたのであれば、そのトレード対象とトレーディングルールの組み合わせでは負けトレードしか生みださないか、時折勝ちトレードにはなるものの最終的には負けるということになる。そして、ドローダウンはときどきではなくずっと継続することになる。

全時間帯のほぼ半分（46％）がドローダウン期間（利益の直近のピークを下回る）で、ドローダウンの大きさと発生確率との関係が**図6.5**のようになったとするならば、壊滅的な連続逆行が発生する確率はどれくらいだろうか。これを予測するために作成したのが**図6.6**である。

図6.6の棒グラフはこのトレード対象とトレーディングルールの組み合わせにおける実際のドローダウンの発生確率を示したものだ。横軸の一番右端は25％で、これは**図6.4**のG地点のドローダウンを表している。以前計算したように、トレーディングの第1日目に25％のドローダウンが発生する確率はおよそ3％（$0.45 \times 0.06 ≒ 0.03$）である。しかし、グラフを見ると明らかなように、横軸の右に行くほどドローダウンの発生確率は減少している。口座を破産に導くキラードローダウンの発生確率を予測するために、実際のデータを指数曲線（成長曲線ともいう）でカーブフィットしてみた。この指数曲線を見ると、25％のドローダウンが発生する確率はほぼゼロと言ってよいほど低い。ましてや40％のドローダウンが発生する確率など無限にゼロに近い。したがって、このトレード対象とトレーディングルールの組み合わせでのトレーディングを否定する理由はまったくない。

あなたのシステムの過去のドローダウンをグラフ化し、トレーディングを始めてすぐに大きなドローダウンを被る確率を予測してみよう。

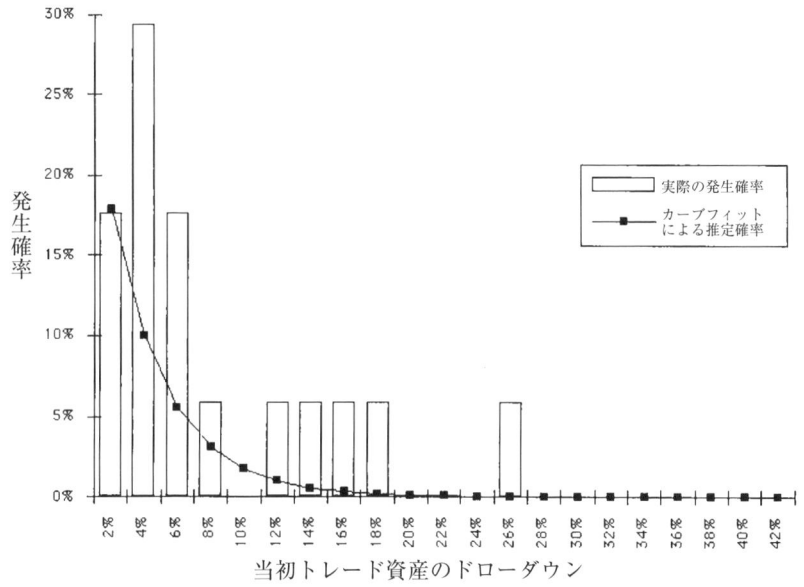

図6.6 ドローダウンの実際の発生確率と推定確率（実際のデータを指数曲線でカーブフィットすると、壊滅的な40%のドローダウンが発生する確率は限りなくゼロに近いことが分かる）

有意性

　ここで使っているサンプルデータは最悪のケースを示したものだ。勝率がわずか30％で、ほとんどの時間帯でドローダウンが発生するシステムのデータをここでは使っている。前に行った分析では、そのトレード対象とトレーディングルールの組み合わせが利益を生みだすものであったとしても、ドローダウンを算出する対象には利益は含めない。つまり、ドローダウンは当初トレード資産のみに対して算出したわけである。さらに、ドローダウンは資産がピークに達したあと次にピークを更新するまでの間に発生した資産の最大の減少と定義した。

　最悪のケースであるにもかかわらず、MAEによる損切りは損失を最小限に抑えるのに極めて効果的であったため、どんなに多くの損失

を出そうと、大きな勝ちトレードが現れればトレーディングを中止するハメには陥らずに済んだ。さらに、MAEによる損切りはトレーダーを破滅させるような破壊的な損失を防ぐことにも役立った。

　MAEによる損切りによる損失管理は連続逆行の影響も最小化することができた。**図6.5**を見ると、連続逆行によってトレーダーを破産させるほどのドローダウンが発生することはほとんどないことが分かる。連続逆行によって発生する損失が有意なものかどうかはその分布による。実際のドローダウンの発生分布が、①ほとんどの連続逆行による損失が10％を下回る、②損失の95％が当初トレード資産の18％を下回る、③最も厳しい基準で測定したドローダウンのなかでトレーディングを中止しなければならない水準である40％のドローダウンの発生確率が極めて低い──といったことを示していれば、安心して今のトレーディングプランに従ってトレードしてもよい。

　一方、40％のドローダウンの発生確率が高い場合、プランは見直したほうがよい。しかし、MAEトレーディングではそういったことはほとんど起こらない。勝率がわずか30％のひどいシステムでも40％のドローダウンの発生確率は極めて低かった。最もよく発生するドローダウンを4％（**図6.6**を参照）とし、ドローダウンとドローダウンの間に大きな利益が発生しないと仮定する（ドローダウンは独立事象であるため、高い利益が間に発生することなくひとつのドローダウンが別のドローダウンに受け継がれていくといったことは起こらない。あなたのトレード資産が一貫して減少し、高い利益が発生することがなければ、ドローダウンが別のドローダウンに受け継がれるといったことが発生する）と、こうしたドローダウンが10回続けて発生しなければ、ドローダウンがトータルで40％に達することはないが、こうしたことが発生する確率は極めて低い（$0.3^{10} = 0.0000059$）。同じ仮定の下で10％のドローダウンが発生する確率を計算すると、$0.06^4 = 0.00001$とこれもまた低い。事実、ここで示したデータからも、小さい損失が

連続的に発生しても、壊滅的なほど大きなドローダウンはほとんど発生しないことがはっきりと分かる。

ただし、あなたのデータで検証すると結果は違ったものになる可能性はある。実際にはもっと低いかもしれないが、25％のドローダウンが発生する確率が３％ということは、MAEによる損切りで十分に対処できる範囲内にあると言えるのではないだろうか。

キャンペーン・トレーディングに対する影響

キャンペーン・トレーディングの「キャンペーン」とは、トレーディングマネジャーが市場にアプローチするときの総合的なトレーディングプランのことを言う。つまり、キャンペーンとは戦略や戦術のことを意味する。例えば、戦略にはトレンドフォロートレードやレンジトレードなどが含まれ、戦術にはエントリートレード（分割して仕掛けるときの最初の玉）、増し玉トレード、カウンタートレード、ドテンなどが含まれる。どの戦略・戦術を用いるかは、各トレードに対する許容損失額によって違ってくる。１トレード当たりの通常のリスク量としては、全トレード資産の２％を超えないことを私は推奨するが、例えば市場がトレンドモードにあるときに増し玉トレードがうまくいけば、１回に次のようなポジションを取ることもできる。

1. 基本的なトレンドでのエントリートレード
2. トレンドでの２～３回の増し玉トレード
3. 増し玉デイトレード。これはデイトレードなので追証は発生しないが、損失を被るリスクはあるので、損失を被ったらその分を資産で穴埋めしなければならない
4. カウンタートレンドでのトレード

このほかにも、市場がトレンドモードにあるときに、トレンドに関連するトレードを終わらせることなく一時的にレンジトレードをするケースもあった。これを5番目のトレードとして加えてもよいだろう。
　このような状況の場合、トレンドトレード（以前成功したので今回もまたいくつか仕掛けた）はうまくいっているのでそのままにして、成功率の高い増し玉トレードも並行して行うことが多い。個々の戦術のリターンはほかの戦術のリターンとは無関係なので、分散効果がうまく働く。つまり、ひとつの戦術で被った損失をほかの戦術で得た利益と相殺することができるということである。
　とはいえ、複数の戦術の効き具合が同時に悪くなることもあるので、戦術間の相関はチェックする必要がある。その場合、過去のデータでチェックすることもできるが、トレード対象とトレーディングシステムの組み合わせの間に相関は普通はない。相関を見つけることができるのは、株式グループやセクター、指数、先物（先物は金利、通貨、指数など根底にある経済状況の影響を受ける）などである。
　あなたがチェックしなければならないのは、あるトレーディングシステムの仕掛けと手仕舞いのルールをある2つのトレード対象に適用した場合に相関があるかどうかと、損切りによってトレードを管理したあとリターンとドローダウンの間に相関があるかどうかである。もし2つか、あるいはそれ以上の関連するトレード対象に適用したトレーディングシステムが異なる場合、リターンとドローダウンの相関はほとんどないと言ってよい。
　さらに、これを比較するのに標準的な統計学では不十分だ。統計学では利益と損失は気まぐれにしか発生しないため、通常の方法で測定した相関は低くなることが予想される。それよりも資産曲線の動きを視覚的に見て、資産の動きがどれくらい歩調が合っているかを比較したほうがよい。そういった動きを見つけたら、次に問題になるのが両者に関係があるかどうか、である。もし関係がある場合、将来的にも

その関係が存続するかどうかである。

　例えば**図6.7**は２つの異なるトレーディング戦術の資産曲線を比較したものだ。図の「トレンドトレード」ラインはトレンドに沿ったトレードの資産曲線で、**図6.1**のグラフと同じである。「増し玉デイトレード」ラインは最初の期間のトレンドトレードの最中に行った増し玉デイトレードによる資産曲線である（『キャンペーン・トレーディング』に出てくるトレーディングルールを適用。長期にわたるトレンドトレードでは、１日の安値は20日平均を下回るため、ポジションはその日の終値で手仕舞う。売りポジションの場合、高値が20日平均を上回ったら売り、同じ日の終値で買い戻す）。原理的には増し玉デイトレードはトレンドトレードと関係があるはずだが、２つの曲線を見ると必ずしも緊密な関係にはないことが分かる。事実、２つの相関はわずか0.26である。

　２つのトレーディング戦術の関係は気まぐれという性質がここにはよく現れている。11年のおよそ半分で増し玉デイトレードはうまくいっていないが、トレンドトレーディング戦術は資産が堅実に伸びている。700番目辺りのトレード日で１つの大きな利益が発生しているが、増し玉デイトレードはそのおこぼれにあずかっていないし、最初の６年間でトレンドトレーディングは無数の小さなトレードから利益を得ているが、増し玉デイトレードはこのおこぼれにもあずかっていない。1600番目辺りのトレード日（1989年）から増し玉デイトレードはうまくいき始め、ほとんどドローダウンを出していない。同時期のトレンドトレードの資産曲線は上昇してはいるが、大きなドローダウンを何回か経験している。

　トレード対象が同じで、戦術に若干の関係があっても、一般に資産曲線はほとんど関連性がない。完全に一致するような関係は見たことがないため、「関係は絶対にない」と言いたいところだが、可能性は残っている。とはいえ、これに関してはこの視覚的チェック以上の調

図6.7　2つのトレーディング戦術による資産曲線（ドローダウンも資産の上昇も気まぐれに発生するため、2つの異なるトレーディング戦術で発生するドローダウンや資産の上昇の関係は目で見て確認するほうがよい。これは図6.1で見た単純なトレンドトレーディングとトレンドトレードの最中に行った増し玉デイトレードの資産曲線を比較したもの）

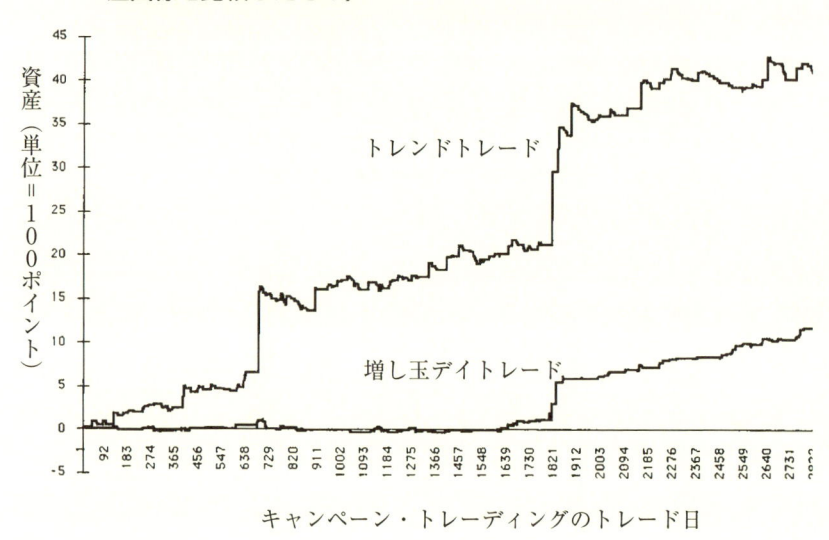

資産（単位＝100ポイント）

トレンドトレード

増し玉デイトレード

キャンペーン・トレーディングのトレード日

査は必要ではないと思っている。トレード対象が違い、戦術も違い、損失管理のテクニックも違えば、資産曲線に関連性はほとんどないはずだ。関連性がないことは証明できないが、関連性のあるものはこれまで見たことはない。

相関のある資産曲線

　異なるトレード対象や戦術の連敗が一致するとき、資産額を上げたり、許容損失額を下げたり（正しいMAEによる損切り水準を設定しているときは難しい）、各戦術の枚数を下げたり（あなたのMAE分析が2％のリスクで2枚以上トレードすることを許容するときのみ可能）、2つの関連する戦術のどちらかを断念することで対処は可能だ。

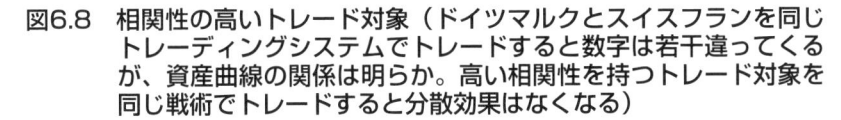

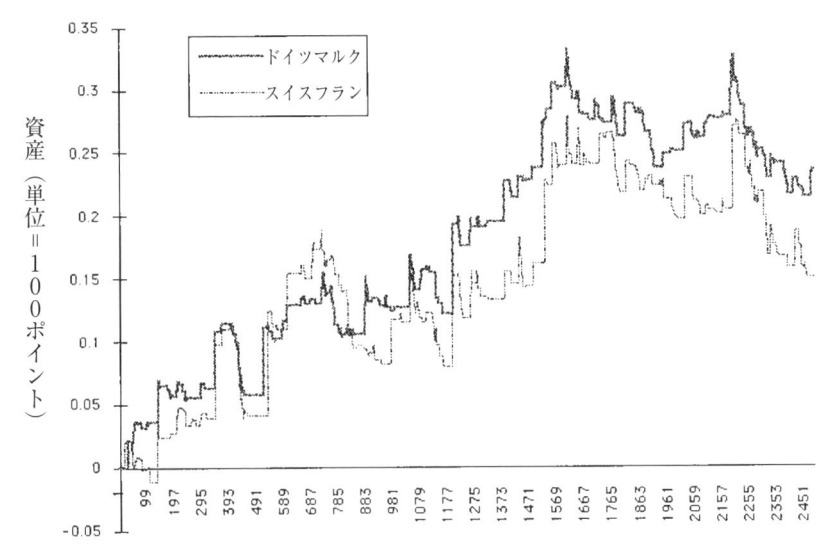

図6.8 相関性の高いトレード対象（ドイツマルクとスイスフランを同じトレーディングシステムでトレードすると数字は若干違ってくるが、資産曲線の関係は明らか。高い相関性を持つトレード対象を同じ戦術でトレードすると分散効果はなくなる）

キャンペーン・トレーディングのトレード日

　これの最も良い例は、同じ戦術で2つの高い相関性を持つトレード対象（例えば、ドイツマルクとスイスフラン）をトレードするというものだ。これら2つのトレード対象の月次リターンの相関は、例えばドンチャンルールを使った場合、1993年で0.77と報告されている（ラーズ・ケストナーの「The Role of diversification」[『テクニカル・アナリシス・オブ・ストック・アンド・コモディティー』1996年3月号]を参照のこと）。資産曲線の相関性の高い2つのトレード対象をトレードすれば、両方とも同じ動きをするため分散効果は最小化されるため、より流動性の高いほうをサイズを大きくしてトレードしてみるとよい。

　一例として**図6.8**を見てみよう。これは、**図6.1**と同じ2つの移動

図6.9　ドイツマルクと日本円の相関（図6.8と同じシステムを使ってトレードした場合、これら2つの主要通貨の関係は同調したりしなかったりし、ドローダウンも一致するときもあればしないときもある）

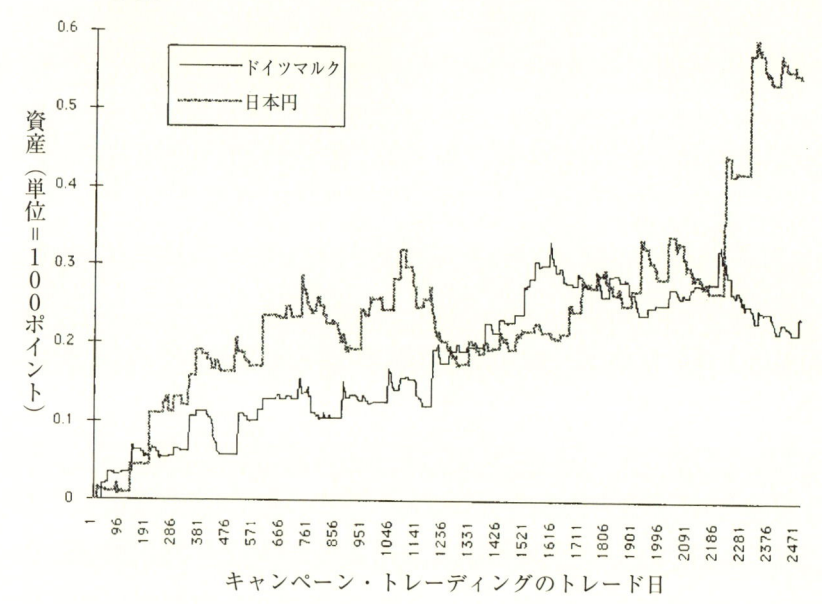

資産（単位＝100ポイント）

キャンペーン・トレーディングのトレード日

平均線の交差システム（12日と20日）でスイスフランとドイツマルクをトレードしたものだ。スイスフランはあまりよくないが、どちらとも資産曲線は同じような動きをしている。事実、この2つの資産曲線の相関は0.94と高い。この2つをトレードすると分散効果はほとんどなく、悪いときには損失は2倍になることは明らかである。

ケストナーによれば、ドイツマルクと日本円のリターンの相関は0.38（図6.9）、ドイツマルクと金の相関は−0.01（図6.10）で、ドイツマルクと日本円の相関はドイツマルクとスイスフランの相関のおよそ2分の1である。同じ2つの移動平均線の交差システムを使った場合の資産の相関はドイツマルクと日本円は0.59で、ドイツマルクと金が−0.27である。ドイツマルクとスイスフランよりもドイツマルク

図6.10　ドイツマルクと金の相関（図6.8と図6.9は同じシステムでドイツマルクと金をトレードすると、相関は−0.27と負になり、いずれもリターンが正のときはこうしたペアをトレードすると全体的にリターンは平滑化される［２つの曲線は平均を中心化している］）

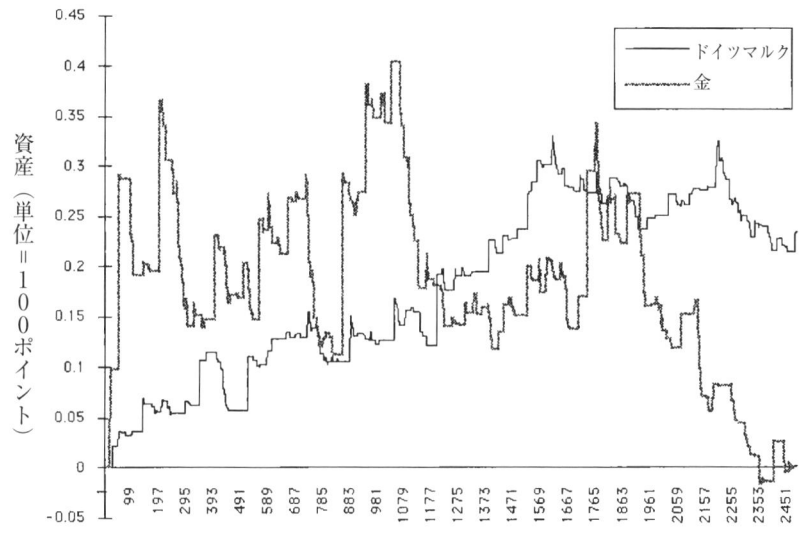

キャンペーン・トレーディングのトレード日

と日本円のほうが相関が低いのは明らかだが、いずれも資産は上昇傾向にある。

　ドローダウンはほとんど一致していない。ドイツマルクと金を見ると、相関係数が示唆するように負の相関関係にある以外は関係を見いだすのは難しい。

　これら４つの資産曲線を足し合わせたものが図6.11である。そしてこれのドローダウンのチャートが図6.12である（これらを足し合わせるには、本当は枚数の比率を調整してエクスポージャーに矛盾がないようにしなければならない）。どんなトレーダーもこれには驚くはずだ。全体的に資産は上昇しているものの、金の変動が大きいためドローダウンは比較的大きく、通常であれば分散効果によって資産曲

図6.11 ４つのリターンを足し合わせたグラフ（ドイツマルク、スイスフラン、日本円、金のリターンを足し合わせると、このようにぎざぎざの曲線になる。全体的にリターンは上昇しているものの、ドローダウンは深刻。もっと分かりやすいのはドローダウンをグラフ化した図6.12である）

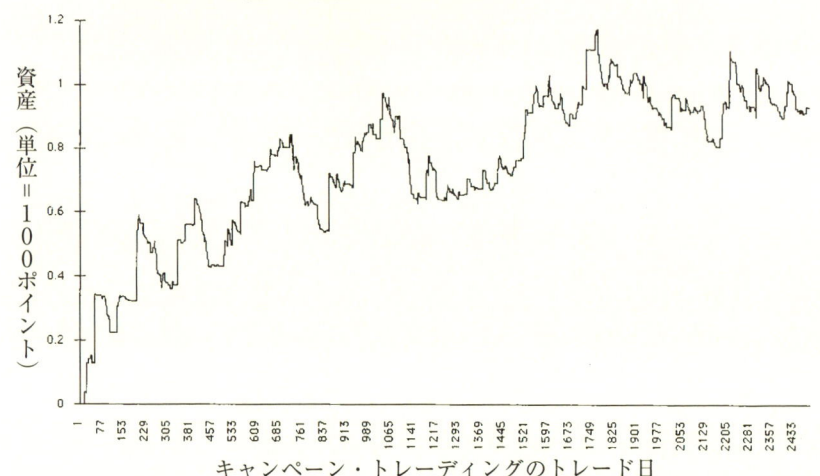

線は滑らかな曲線を描くのだが、その効果はない。これに加えて、期間の後半は金の損失によって全体的な資産は引き下げられているが、かろうじて日本円の利益に救われている。

図6.12を見ると分かるように、10％から15％のドローダウンが頻繁に発生している。利益は大きいが利益を出している期間は短命に終わり、ほとんどの時間帯はドローダウン期間になっている。ドローダウン期間は長いものは１年半も続き、資産はそれぞれのトレード対象の損失によって目減りしている。４つ足し合わせてもトータルで40％の資産の減少になる確率は低いが、ドローダウンは頻繁に発生している。

それぞれのトレード対象は別々に投資され、どの１つ（金は例外）もトレードを中断させるほどのドローダウンには至らないが、４つのトレード対象からなるポートフォリオをトレードしたほうが、１つ１

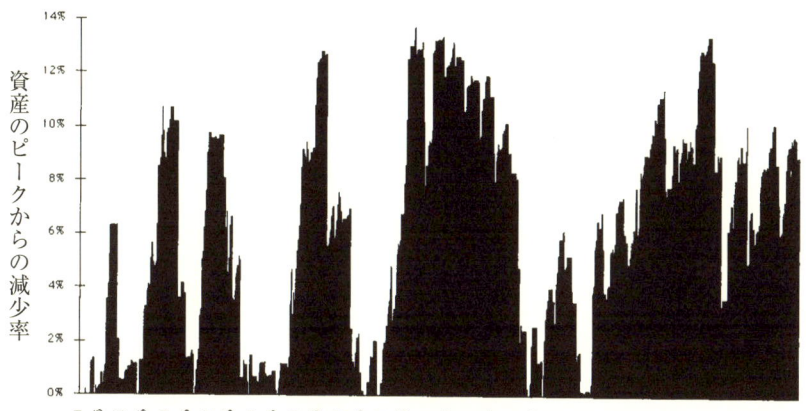

図6.12 　4つを足し合わせた場合のドローダウン（ドローダウンをみると4つを足し合わせたときの効果がよく分かる。この場合のドローダウンはピーク時の資産＋当初資産に対して算出）

資産のピークからの減少率

キャンペーン・トレーディングのトレード日

つをトレードするよりも利益は大きくなる。期間終了後の結果は、ドイツマルクは2万3500ドルの上昇、スイスフランは1万5500ドルの上昇、日本円は5万4900ドルの上昇、金の上昇はゼロである（**表6.2**）。

次に、**表6.2**でＫレシオ（ラーズ・ケストナー著「Measuring System Performance」[『テクニカル・アナリシス・オブ・ストック・アンド・コモディティー』1996年3月号　pp.46-50]。Ｋレシオは直線に近いほど大きくなる）とシャープレシオ（ウィリアム・シャープ著「Mutual Fund Performance」[『ジャーナル・オブ・ビジネス』1996年1月号　pp.119-138]。シャープレシオは超過リターンをリターンの標準偏差で割ったもの）でリターンをチェックしてみよう。

Ｋレシオ＝回帰直線の傾き ÷
　　　　　（[回帰直線の傾きの標準偏差] × [$\sqrt{データの数}$]）

表6.2 リターンのバラツキ（ドイツマルク、スイスフラン、日本円、ポートフォリオはKレシオが1よりも大きいが、無リスク金利を含めた場合［シャープレシオ］には合格点に達しておらず、超過リターンが何とかぎりぎり合格点に達するのは日本円のみ）

	ドイツマルク	スイスフラン	日本円	金	ポートフォリオ
Kレシオ	2.13	1.43	1.42	-0.51	1.60
標準偏差/平均リターン	0.48	0.51	0.50	0.50	0.31
シャープレシオ	-2.41	-3.22	-1.19	-11.74	-0.90

シャープレシオ＝（リターン－無リスク金利）÷リターンの標準偏差

　資産曲線が着実に上昇しているものほどKレシオは高い。開発者であるラーズ・ケストナーによれば、この数字は最低でも1は欲しいところだ。金を除いてこの基準はクリアしているが、ポートフォリオはポートフォリオの基準となる3.0に達していない。
　全体的に収益は出ているものの、超過リターンで見るとよくない。リターンのバラツキを平均リターンでみると低く、ポートフォリオにいたってはかなり低い。資産曲線で見るとドローダウンはかなり急峻だが、全体的には高い収益性を上げていたことを考えると驚きである。破産は避けられるとはいえ、損失管理だけでは平凡なシステムを十分に収益性の高いものにするのは無理なようだ。
　この分析をまとめると以下になる。

1. 4つのトレード対象で構成されたポートフォリオはドイツマルクで見られる4％～8％以上のドローダウンを被る可能性があるが、25％を超えることはない。
2. 壊滅的な40％のドローダウンが発生する確率は非常に低い。

3．相関がさまざまなこのグループ（ドイツマルクはスイスフランとは高い相関性を持ち、日本円とはある程度相関があり、金とは負の相関がある）の分散効果は、最悪のドローダウンが25％から10％に下がったことのみ。
4．超過リターンは数値としては不十分。したがって、リスクの高いほかの戦略（例えば、株価指数ファンド）と比較してもおそらくは数値としてはあまり良くないだろう。

賭け戦略に対する影響

　賭け戦略はトレードサイズを、成功確率、ピラミッディング、賭けの進行、資産額によって変える。最後の2つは理論的にも経験的にも分かりやすい。株数や枚数を資産額によって減らしたり増やしたりするのは簡単だ。それぞれのトレーディング戦術に対するプレーのサイズを2％ルール（MAEによる損切りによって決めた損失額）によって限定すればよい。願わくば資産が増えれば、資産の2％は増え、それに伴ってサイズも増える。

　賭け金を増やしていくということになると話は少し難しくなる。それぞれのトレーディング戦術は勝ちトレードと負けトレード（一連の結果）を生みだすが、それは賭けに勝ったり負けたりするのに似ている。賭け金を正しく増やしていけば最終的には勝つ。賭け金を増やしていくことの問題点は、連敗が続くと資金が尽きることだ。第7章では、賭け金を増やしていくトレーディング例を見ていくが、連敗が続くとその賭け戦略にどんな影響を及ぼすかが分かるはずだ。

まとめ

　それぞれのトレード対象やポートフォリオの日々のパフォーマンス

を調べてみると、壊滅的なドローダウンを被る可能性が分かる。資産配分は量的指向のトレーディング管理に利用することができ、それはポートフォリオを客観的に構築するのに役立つが、本章で示したように損失を被る可能性をグラフ化することでポートフォリオのより効果的な構築が可能になる。グラフで示したようにドローダウンは繰り返し発生する。このようにドローダウンをグラフ化することで効率フロンティアからは得られない日々のドローダウンの性質を直観的に理解することができる。

第7章

マルティンゲール

Martingales

　連続逆行に関する情報が何かを意味するとするならば、それは連続逆行は必ず発生するということである。連勝ならば問題はないが、連敗は問題があり、しかも連敗は必ず発生する。連続逆行の定義を覚えているだろうか。勝ちトレードが間に何回か発生しても次に資産が高値を更新するまで続く連敗を連続逆行と定義した。この状況をトレードにうまく利用する手はないものだろうか。

　十分なお金があれば、たいがいのことは克服できる。たとえそれが連続逆行であったとしてもだ。十分な資産があれば（つまり、潤沢な資産という意味）、勝ち・負けが発生するいろいろな順序に合わせて賭けのサイズを調整することができる。逆行はどれくらい続くか分からない。だから、十分な資産が必要になるのである。難しいのは逆行の長さとサイズを確率的に予測し、それに耐えられるように資産を配分することである。MAEによる損切りを使えば損失のサイズは制御できる。残る問題は、逆行がどれくらい続くかである。前の章では1つのトレード対象とポートフォリオについて連敗から被るドローダウンを予測した。

　しかし、戦術はほかにもある。ファーガソン、エリアソン、ペティエらは「賭け」戦略によるトレードの管理方法について提唱している（ジェームズ・W・ファーガソン、"Martingales," Stocks &

Commodities, V.8:2 [Seattle, 1988] pp.56-59、"Reverse Martingales," Stocks & Commodities, V.8:3 [Seattle, 1988] pp. 105-108。ピーター・エリアソン、"Tactical Stock Trading," Stocks & Commodities, V.7:3 [Seattle, 1988] PP.69-72。ロバート・ペレティエ、"Martingale Money Management," Stocks & Commodities, V.6:7 [Seattle, 1988] pp. 265-267)。そのテクニックは「マルティンゲール」と呼ばれるもので、勝ったあと、あるいは負けたあと、一定のルールによって賭けサイズを調整する戦略のことを言う。ファーガソンは最初の論文でこのアプローチが典型的なトレンドフォロー型トレーデングシステムにプラスの影響を及ぼすことを示している。つまり、このアプローチによって負けトレードを勝ちトレードに転じさせることができるということである。私はこのアプローチを本書で議論する月並みなシステムに早速適用してみた。ドイツマルク、スイスフラン、日本円では利益は小さいながらも勝ちトレードになったが、金では負けトレードになった（あるいは良くて小さな勝ちトレード）。

　マルティンゲールは潤沢な資産があり、完全に規律に従うプロトレーダーや機関投資家には合うようだが、途中で手仕舞うような人には壊滅的な結果をもたらす可能性がある。一般トレーダーが時期尚早に手仕舞う傾向のあることを考えると、未熟なトレーダーには向かないかもしれない。

　さらに、このアプローチで成功するには2～3年のスパンが必要なことを考えると、人事異動の影響を受ける機関投資家にも向かないかもしれない。規律に従うきちんとした機関で、ポジション追跡システムの整ったところであれば、「逆行コントロール」、つまり「損失管理」テクニックを長期にわたって実行することができる可能性が高い。しかし、そういうところでも、トレーダーや管理側がこのテクニックがうまくいくことが分かるように、トレードを頻繁に行わせてくれ、損失を出しても余裕の目で見守ってくれるようなところでなければ適応

は難しいかもしれない。損失を穴埋めするにはちょっとばかり時間がかかるからだ。

マルチンゲールを成功させるうえで重要な要素のひとつは、勝ちトレードのサイズが負けトレードのサイズよりも大きいことである。これで必ずしも成功するわけではないが、勝ちトレードのサイズが負けトレードのサイズの2：1、または3：1のシステムを使うのがよい。そうでなければ、マルチンゲールによるトレードはあまりうまくいかない。10回トレードしたうちようやく最後に勝ちトレードになって、しかもそのサイズが平均的な勝ちトレードというのではたちまち立ち行かなくなる。

マルチンゲールによるトレードでは取引コストが大きな要素になる。カジノとは違って、交換所やブローカーは結果とは無関係に手数料を要求してくる。大きな損失を避けるためには、取引コストを低く抑える必要がある。本章で示す分析例では取引コストを含めた結果を示している。

原油データを使ってのシミュレーションに進む前に、マルチンゲールにあまり詳しくない人のために、単純なマルチンゲールと複雑なマルチンゲールについて簡単に説明しておくことにしよう。マルチンゲールという名前の起源は分からないが、伝説に反してマルチンゲールという人はいなかったように思える。ファーガソンによれば、マルチンゲールという名前は馬が首を振るのを抑えるための馬具を意味するフランス語が起源ではないかと言う。マルチンゲールが損失をチェックするためのものであることを考えると、この説もまんざらウソとも言えない。

単純なマルチンゲール

単純なマルチンゲールは負けるたびに（あるいはイーブンで）賭

け金を2倍にする。最終的に勝てば、利益は最初の賭け金に等しくなる。ただしトレーディングでは、勝ったときの期待利益は負けたときの期待損失に等しいものとする。例えば、次のような順序で勝ち・負けが発生したときがそうだ。

トレード	賭け金	勝ち・負け	資産
1	1000ドル	負け	−1000ドル
2	2000ドル	負け	−3000ドル
3	4000ドル	負け	−7000ドル
4	8000ドル	勝ち	1000ドル

自分でも試してみよう。賭け金(株数または枚数)は急激に上昇する(8000ドルから1万6000ドルに、1万6000ドルから3万2000ドルに、3万2000ドルから6万4000ドルといった具合に)ため、資金が底をつく可能性が高い。こんなときに便利なのがMAEによる損切りだ。MAEによる損切りを使えば損失のサイズ(賭け金のサイズ)を制限することができる。上と同じ順序で勝ちと負けが発生したとすると、310ドルの損切りを使った場合、賭け金の増大速度が速いのは変わらないが、トレードは管理しやすくなるのが分かるはずだ。ただし、期待利益も期待損失も同じ310ドルであるものとする。

トレード	賭け金	勝ち・負け	資産
1	310ドル	負け	−310ドル
2	620ドル＊	負け	−930ドル
3	1240ドル	負け	−2170ドル
4	2480ドル	勝ち	310ドル

＊ 仕掛けから31ティックの位置に損切りを置いて、2枚トレード

これが経済的な戦術かどうかは、トレードの頻度、取引コスト(15回のトレードのコストが19ドルだとすると、285ドルのコストがかか

る)、勝ちトレードになるまでに平均で何回負けトレードが発生するか、別のトレーディングテクニックのリターン、税率によって決まる。

複雑なマルティンゲール

単純なマルティンゲールは理解するのは簡単だが、複雑なマルティンゲールとなるとそうはいかない。複雑なマルティンゲールはさまざまな変化形があるが、ひとつの特徴は変わらない――トレード回数は増えるが、賭け金は減る。

複雑なマルティンゲールの一例を見てみよう。勝ちと負けの順序は上と同じだが、賭け金は2倍にはなっておらず、1単位だけ増減している。

トレード	賭け金	勝ち・負け	損失・利益	資産
1	310ドル	負け	-310ドル	-310ドル
2	620ドル*	負け	-620ドル	-930ドル
3	930ドル	負け	-930ドル	-1860ドル
4	1240ドル	勝ち	1240ドル	-620ドル
5	930ドル	勝ち	930ドル	310ドル

* 2枚。株の場合は手数料を考慮して株数を調整してもよい

結果は同じだが、最終結果に到達するまでの回数は増えている。自分でも試してみよう。複雑なマルティンゲールの場合、トレードする枚数のルールは以下のとおりだ。負けトレードのあとは、最初と最後のトレードの枚数を足し合わせて次のトレードの枚数にする。勝ちトレードになったら、最初と最後のトレードは取り除き、残ったなかの最初と最後のトレードを足し合わせて次のトレードの枚数にする。

トレード	順序	トレードする枚数	勝ち・負け
1	1	1	負け
2	1,1*	1 + 1 = 2	負け
3	1,1*,2	1 + 2 = 3	負け
4	1,1*,2,3	1 + 3 = 4	勝ち
5	1*,2	1 + 2 = 3	勝ち

* 2番目に出てきた「1」

　勝ちと負けの出る順序がいろいろであることを考えると、いかに複雑かが容易に想像できるはずだ。実践的な感覚をつかむために、**付録J**に示したシミュレーションをやってみよう。最終的にうまくいったとしても、勝ちトレードのサイズと負けトレードのサイズが同じである状態はけっして喜ばしいことではないことがすぐに分かるはずだ。**図7.1**は**付録J**をグラフ化したものである。

　6連敗はそれほど頻繁に発生することではないが、これほど長い連敗が発生したときには回復には少し時間がかかる。トレードし始めてから蓄積された6510ドルの損失は徐々に減少してはいるが、プラスに転じるまでには11回のトレードを要している。ブレイクイーブンに戻るのを神にも祈るような気持ちで待ち望んでいた多くのトレーダーにとって、これは良い結果のようにも思えるが、17回もトレードしないとブレイクイーブンにならないというのはどうなのだろうか。

　表7.1を見てみよう。P(Win)の勝率が0.5で、勝ちトレードのサイズと負けトレードのサイズは1：1である。勝ちトレードのサイズが負けトレードのサイズよりももっと大きければ、連続逆行になってももっと良い結果になっていたはずだ。**表7.2**はP(Win)が0.4で勝ちトレードのサイズと負けトレードのサイズが3：1の場合を示したものだ。

　付録のモデルでの実験はあなたにお任せするが、マルティンゲールのマネジメントで最も重要なのは勝ちトレードのサイズと負けトレードのサイズの比率が適切なシステムを選ぶことである。特に、勝率が

図7.1　勝ちトレードのサイズの分布（トレンドフォロー型の２つの移動平均線の交差システムを使って計算し、マルティンゲールモデルのために適切な大きさの勝ちトレードを選ぶ場合、右側の裾の長さの影響を受ける）

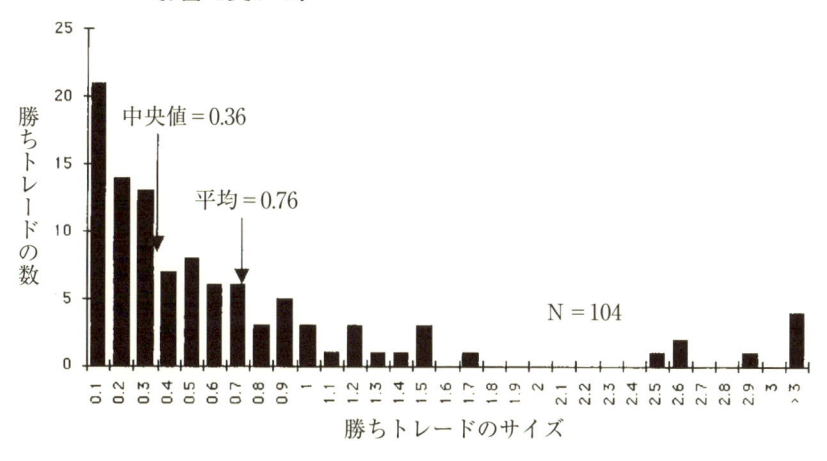

あまり高くないシステムの場合はなおさらである。トレード対象を選ぶうえでは、多くのルールを設けオーバーフィットしないかぎり、あなたは勝ちトレードのサイズと負けトレードのサイズの比率に関しては制御できない。しかし、ちょっとした調整を行えば、勝ちトレードのサイズと負けトレードのサイズの比率は制御できる。

　MAEを使えば損失管理は万全だが、勝ちトレードのサイズを管理するのは難しい。勝ちトレードのサイズは通常は歪んでいるため、勝ちトレードの平均は必ずしも良い数値とは言えない（**図7.1**を参照）。

　負けトレードのサイズも正規分布ではない（**図7.2**を参照）。

　したがって、勝ちトレードのサイズと負けトレードのサイズを細かく調べることはけっして無駄なことではない。実際にトレードするとき、勝ちトレードのサイズも負けトレードのサイズも平均値になるわけではなく、いろいろな値になるが、おおよそは期待した範囲内の値になる。つまり、これまでのトレード結果からすれば、勝ちトレード

表7.1 長引くドローダウン（マルティンゲールは最終的には必ず勝ちトレードになるが、逆行が長引けば時間もかかり投下資産も増大する）

トレード	賭け金	P(Win)=0.5 勝ち/負け	勝ち/負けの比率=1 勝った/負けた枚数	資産（ユニット）	賭け金=310ドル 資産（ドル）	賭け表	
1	1	負け	-1	-1	$ (310)	-45	10
2	2	負け	-2	-3	(930)	-36	9
3	3	負け	-3	-6	(1,860)	-28	8
4	4	負け	-4	-10	(3,100)	-27	8
5	5	負け	-5	-15	(4,650)	-21	7
6	6	負け	-6	-21	(6,510)	-20	10
7	7	勝ち	7	-14	(4,340)	-19	8
8	6	勝ち	6	-8	(2,480)	-15	6
9	6	負け	-6	-14	(4,340)	-14	6
10	6	勝ち	6	-8	(2,480)	-11	8
11	6	勝ち	6	-2	(620)	-10	5
12	3	負け	-3	-5	(1,550)	-9	5
13	4	勝ち	4	-1	(310)	-8	6
14	2	負け	-2	-3	(930)	-6	4
15	3	負け	-3	-6	(1,860)	-5	4
16	4	勝ち	4	-2	(620)	-4	5
17	3	勝ち	3	1	310	-3	3
18	0	False	0	1	310	-2	3
19	0	False	0	1	310	-1	2
20	0	False	0	1	310	0	1

表7.2 連続逆行（勝ちトレードの大きさと負けトレードの大きさ［MAEによる損切り］の比率が良い場合、勝率が悪くても多くの負けトレードを克服することができる。マルティンゲールは資産がプラスになったら終了する）

トレード	賭け金	P(Win)=0.4 勝ち/負け	勝ち/負けの比率=3 勝った/負けた枚数	資産（ユニット）	賭け金=310ドル 資産（ドル）
1	1	負け	-1	-1	$ (310)
2	2	負け	-2	-3	(930)
3	3	負け	-3	-6	(1,860)
4	4	負け	-4	-10	(3,100)
5	5	勝ち	15	5	1,550

図7.2 負けトレードのサイズの分布（勝ちトレードが正規分布にならないように、負けトレードも正規分布にはならない。ブレイクイーブンポイントで両方の分布を合わせると正規分布に近くなる。勝ちトレードの分布については右側の裾が長くなり、負けトレードはMAEによる損切りで制御できる）

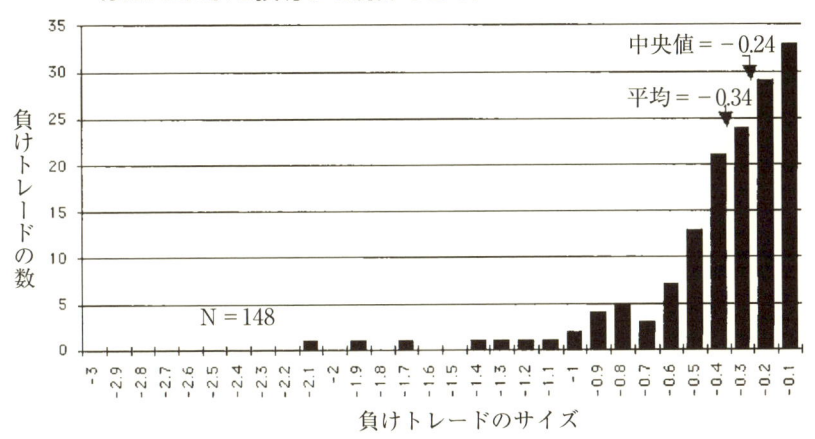

と負けトレードのサイズを平均値にしようと思ったら、多くのマルティンゲールを実行しなければならないということである。付録のモデルを使って実験すれば感覚はつかめるかもしれないが、トレード頻度が低ければ勝ちトレードのサイズと負けトレードのサイズは平均よりも中央値に近くなる。結果的には勝ちトレードのサイズと負けトレードのサイズの比率は理想的な2：1や3：1ではなくて1：1に近くなる。上の例で計算してみると、平均を使えば比率は0.76÷0.34＝2になるが、中央値を使えば0.36÷0.24＝1.5になる。つまり、マルティンゲールを使うときには、勝ちトレードのサイズと負けトレードのサイズの理想的な比率を得ようと思えば、多くのトレードを行わなければならないということである。

まとめると、マルティンゲールはトレードを頻繁に行い（例えば、増し玉デイトレードなど）、勝率が40％以上で、勝ちトレードのサイズと負けトレードのサイズの比率が2：1以上のトレーディング戦術

とともに使うべきである。これらの要素を満たせば、マルティンゲールの長さを短縮することができる。つまり、トレード数を減らすことができ、ひいては投資額も少なくて済み、手数料やスリッページも減らすことができる。マルティンゲールによるリターンが最初の「賭け金」に勝ちトレードのサイズと負けトレードのサイズとの比率を掛け合わせたものであるとするならば、投資額（損失＋マージン）を考慮したうえで代替投機と注意深く比較してみる必要がある。マルティンゲールでは取引コストが多くかかるが、税効果も考えなければならない。マルティンゲールを使うのならこれらの用件を満たすディーラーを使うのが良い。

原油のマルティンゲール

　一例として原油のトレーディングを考えてみよう。このトレーディングについては『キャンペーン・トレーデング』に出てくるが、ここではより詳しく解説する。ここでは複雑なマルティンゲールを使い（**付録J**を参照）、勝率は30％とし、連敗期間はより長くした。マルティンゲールを使わずに勝ちトレードを得ると、資産は勝ちトレードの分だけ増えるか、価格がMAEによる損切りに達すればその分だけ減る（『キャンペーン・トレーデング』を読んでいない人のために説明しておくと、MAEによる損切りは仕掛けと手仕舞いを事前に決めたトレード対象に対して置かれる。したがって、そのトレードは含み益になることもあるが、逆行幅がそのMAEによる損切りを上回れば勝ちトレードが負けトレードに転じる可能性もある）。マルティンゲールが進行して負けトレードになると、損失が増え始める。

　マルティンゲールに従うということは、勝ち・負けの数が進むに従い、勝ち・負けで実際に得た利益や損失額も変わることを意味する。この原油トレーディングの例では、マルティンゲールが終了するのは

マルティンゲールのカウント数が0以上になったときか、マルティンゲールで得た利益が0以上になったときである。つまり、マルティンゲールのカウント数が0以上にならなくても、資産が新たな高値を更新すれば、マルティンゲールは終了するということである。

表7.3を見てみよう。一番左端の列はトレードされた株の単位数または枚数を示している。このケースでは、例えば、4行目で1枚トレードしたが損失になり、18行目では2枚トレードして損失になっている。2列目はマルティンゲールの進行に伴って損をした株の単位数または枚数の総数を示している。このケースでは、最後の行の5枚の取引で利益が出るまでに損をした総数は10枚である。3列目はマルティンゲールの進行に伴って損をした、あるいは得た額をポイントで示したものだ。原油の場合、10ドルにつき310ドル＝31ポイントで、通常「0.31」と表記する。通常、最後の数値だけプラスになるが、必ずしもそうとは限らない。この例の場合、最後の数値はマイナスになっている。最後の4列目はトレード損益の累計で、これによって資産曲線が描かれる。

このような状況ではマルティンゲールを利益でもって終わらせることはできないかもしれない。勝ちトレードと負けトレードの順序はマルティンゲールを終わらせる順序になっているが、勝ちトレードのサイズと負けトレードのサイズによってはマルティンゲールが損失で終わることもある。例えば、最初のトレードが0.31の損失になったとすると、次のトレードは2枚あるいは2単位トレードすることになる。そのトレードで0.12の儲けになったとすると、そこでマルティンゲールは終了だが、損益は－7ポイント（2枚×12ポイント－31ポイント）になる。この11年にわたるトレードではこれが9回発生（実際の損失は、25、78、29、62、15、7、56、38、7ポイント）し、損失は7ポイントから78ポイントにわたったが、結果にほとんど影響は及ぼさない。この11年にわたるトレードでは、マルティンゲールは41回発生した。

表7.3 マルティンゲールのワークシート例（マルティンゲールトレーディングでは勝ちトレードや負けトレードの数を数えるだけでなく、各トレードで勝った額や負けた額も追跡しなければならないので、3番目の欄には勝った額/負けた額が記入され、4番目の欄には資産の累積額が記入される［これは長いマルティンゲールのほんの一部にすぎない］）

賭け金 （勝ち/負け）	累積枚数	勝った額/ 負けた額	資産の累計
False	False	False	112.77
False	False	False	112.77
False	False	False	112.77
−1	−1	−0.31	112.46
−1	−1	−0.31	112.46
−1	−1	−0.31	112.46
−1	−1	−0.31	112.46
−1	−1	−0.31	112.46
−1	−1	−0.31	112.46
−1	−1	−0.31	112.46
−1	−1	−0.31	112.46
−1	−1	−0.31	112.46
−1	−1	−0.31	112.46
−1	−1	−0.31	112.46
−1	−1	−0.31	112.46
−1	−1	−0.31	112.46
−1	−1	−0.31	112.46
−2	−3	−0.93	111.84
−2	−3	−0.93	111.84
−3	−6	−1.86	110.91
−3	−6	−1.86	110.91
−3	−6	−1.86	110.91
−3	−6	−1.86	110.91
−3	−6	−1.86	110.91
−4	−10	−2.58	110.19
−4	−10	−2.58	110.19
−4	−10	−2.58	110.19
5	−5	−2.43	110.34

実際には、マルティンゲールを使わないときよりも使ったときのほうが資産のドローダウンは大きいが、資産は新たな高値を素早く更新する。つまりマルティンゲールの進行に伴いリターンのボラティリテ

ィが上昇し、マルティンゲールを使わないときの２倍、３倍の利益を生みだしたということである。**図7.3**はいずれも２つの移動平均線の交差システムによる資産曲線だが、１つはマルティンゲール・マネーマネジメントを使ったもの、もう１つは使わないものを示している。いずれもMAEによる損切りとして0.31を使っている。マルティンゲールを使ったものは、利益は３倍だが、リターンのボラティリティは高く、使った資金額も多い。

　資産曲線が大きく動いたＣ点を無視すれば、Ａ点とＢ点のトレンドトレードラインのドローダウンはマルティンゲールラインの大きなドローダウンに相当する。一方、マルティンゲールラインは上方に大きく傾いている。これはドローダウンが長引かなければ、勝ちトレードと負けトレードのサイズの比率が２：１で、MAEによる損切りを使うことによって、損失を平均の0.31に維持できたのと、マルティンゲールの進行に伴って枚数が増えれば、１回勝ちトレードになるとそれまでの損失をすべて穴埋めできたためである。

　言い換えるならば、枚数が増えることで利益が増幅される大きな勝ちトレードが現れるまで、MAEによる損切りによって損失が抑えられたということである。マルティンゲールラインの急上昇はこうして起こったのである。勝ちトレードと負けトレードのサイズの比率の高いマルティンゲールを使っているとき、勝ちトレードは本当に大きな勝ちトレードになる。

　一方、ボラティリティと利益の上昇に伴って投下資金も増える。利益によってドローダウンは補えるが、最悪のこと、つまり3000ポイントの連敗が最初に起こってしまったらどうするか。３万ドルもの損失は管理部門が我慢できる損失ではない。さらに、これらのポジションを維持するために要求される証拠金によってリターンは低下する。**図7.4**は証拠金の要求が連敗によるドローダウンの増加に伴って増えている様子を示したものだ。

図7.3　マルティンゲール・マネジメントの威力（同じトレードをマルティンゲールシステムで管理すると、ボラティリティは上昇するが資産は大幅に向上する。ドローダウンBは勝ちトレードと負けトレードが1-11、ドローダウンCは同3-20で、1回の勝ちトレードで利益は新たな高値を更新している）

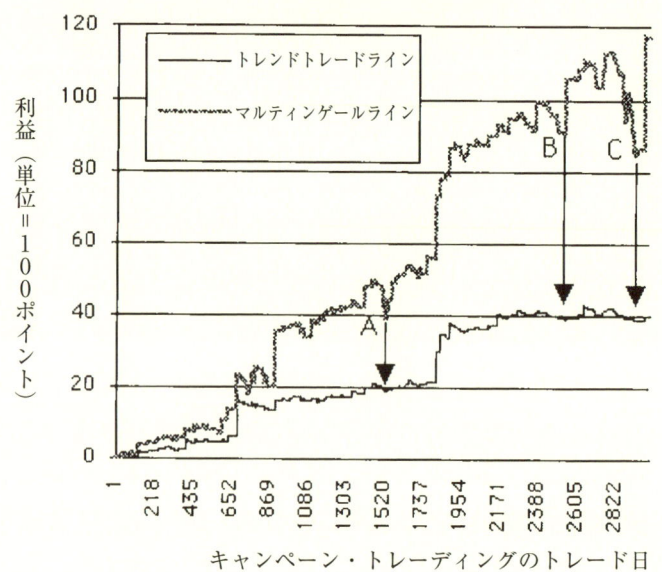

　1枚から始めたトレードが今や28枚にまで増え、このポジションを維持するための証拠金の請求は最後のドローダウンのときに急激に増えている。これは潤沢な資金がある人や、大きな与信枠のある人でなければ対応できない。とはいえ、ほとんどの場合は証拠金の請求はもっと少なく、資本に対するリターンももっと好ましい数字になる。

　総合すると、この分析例はマルティンゲール戦略の強みと弱みをよく表していると言えるだろう。良い面を言えば、収益性が格段に向上することである。勝率が50％のシステム、あるいは勝ちトレードと負けトレードのサイズの比率がもっと良いシステムの場合、収益性は劇的に向上する。悪い面は、ボラティリティが大幅に上昇することである。ドローダウンは大きくなり、勝ちトレードが現れるまでの逆行期間も長くなる。トレーディングにおける完全な解決法はない。要はリ

図7.4 マルティンゲールの証拠金請求(マルティンゲール列が長引くと保証金の請求額が劇的に上昇する。保証金はグレーの棒グラフ状で表し、利益はラインで表している)

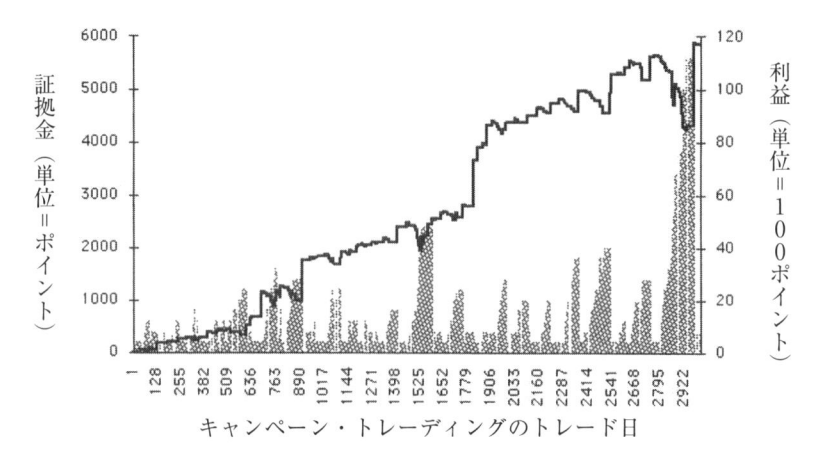

スクとリターンのトレードオフ問題なのである。マルティンゲールも例外でない。しかし、このような分析はトレーディングマネジャーの意思決定の助けになることは確かだ。

第8章

トレーディングの管理

Trading Management

　確実な利益を手にしながらトレーディングを真に制御するにはまだ程遠いが、それがどんなものだか知っておくのに早すぎるということはない。パフォーマンスの基準の一部となる損失（残りの半分は利益の測定）は測定できるので、トレーディング管理のことを考えるのは理にかなったことと言えよう。われわれは特定のトレード対象がどんなパフォーマンスを見せるのかは分かっている。つまり、通常の振る舞い、通常とは異なる振る舞いについてはある程度は分かっているということである。それに損失がどれくらいになるかも分かっている。したがってここでは利益・損失に焦点を絞って見ていくことにしよう。

ポートフォリオの影響

　利益・損失という言葉を使ったが、ポートフォリオマネジャーにとってはリスク・リターンと言ったほうが分かりやすいかもしれない。投機トレード対象を含むポートフォリオを効率的に構築する人は、損失を制限することによってトレード資産のリスク特性は変わることを認識している。つまり、ポートフォリオの構成と重み付けを変えるとポートフォリオのリスク特性が変わってくるわけである。MAEによる損切りを使えば一般にリターンのバラツキは少ないが、第7章で見

たように、投下資産が徐々に大きくなっていくような手法（賭け金が徐々に多くなる）を用いた場合、リターンもリターンのバラツキも大きくなる。そのためポートフォリオの見直しが必要になる。

日々のトレーディング

　日々のトレーディングでは、MAEテクニックを使ったシステムでトレードするほうが、システムが破綻するか年の終わりを迎えるまでトレーディングするよりも管理は簡単だ。マネジメントとは特定の規律に従うことを意味する。事前に決めておいたことに従うことなく、マネジャーがやることは以下のとおり。

- 目標を達成するための問題点を検討する
- 目標を達成するための行動プランを立てる
- プランから予期される結果を予測する
- プランを実行する
- 予期された結果からのズレをモニターしたり測定したりする
- プランを修正する

　マネジャーは結果を測定しては、それがプランから外れていればプランを修正して、また結果を測定する（図8.1を参照）、といった具合に常に結果を測定ばかりしている。一方、トレーダーはプランに変更があったかどうかをいつも気にしている。彼らは損切りをすれば、それについて真剣に考える。「大きな損失だったのだろうか。それは何かを物語っているのだろうか。何か間違いをしたのだろうか。状況が変わったのだろうか。みんなも間違いを犯すのだろうか。実態を把握していないのだろうか。何が起こったのだろう」
　トレーダーは仕掛ける方法についてアイデアを持っているとき、プ

図8.1 制御ループ（マネジャーはプランからのズレが生じるとプランを変更することで予定どおりの結果を得るが、トレーダーは失敗が通常の範囲内だったのか異常なほどの失敗だったのかを知る手立てはない。トレーダーは目標に対して修正する手段を持たないので、状況を客観的に評価する手段がなければトレーディングの管理は不可能だ）

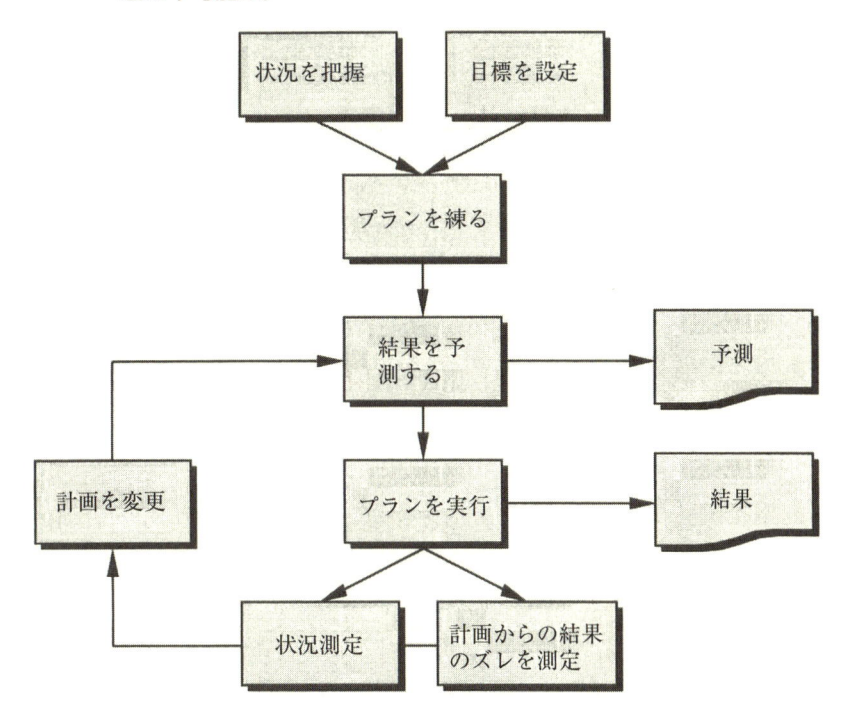

```
状況を把握    目標を設定
       ↓    ↓
      プランを練る
          ↓
      結果を予測する  →  予測
          ↓
      プランを実行   →  結果
          ↓
   状況測定   計画からの結果のズレを測定
      ↓
   計画を変更  → （結果を予測する へ戻る）
```

ランを持っていると思う。トレーダーを管理しているワンランク上の人は、「プランを立てているとか、管理しているとか、制御している」といった幻想は抱かない。彼は大砲を目的もなく砲撃するのではなく、狙いを定めて一定の間隔で砲撃しようとするだけである。

　しかし、トレーダーがプランを見て損失が期待した大きさの範囲内だったことを確認できたとしたらどうだろう。損失を出す頻度が期待した範囲内だったことを確認できたとしたらどうだろう。勝ちトレードが計画どおりだったことを知ることができたらどうだろう。トレー

図8.2　トレーダーのパフォーマンス（さまざまな項目からトレーダーが規定どおりのパフォーマンスを上げているかを評価する。正しく損切りした場合には問題はないが、正しくない利食いをした場合は問題がある）

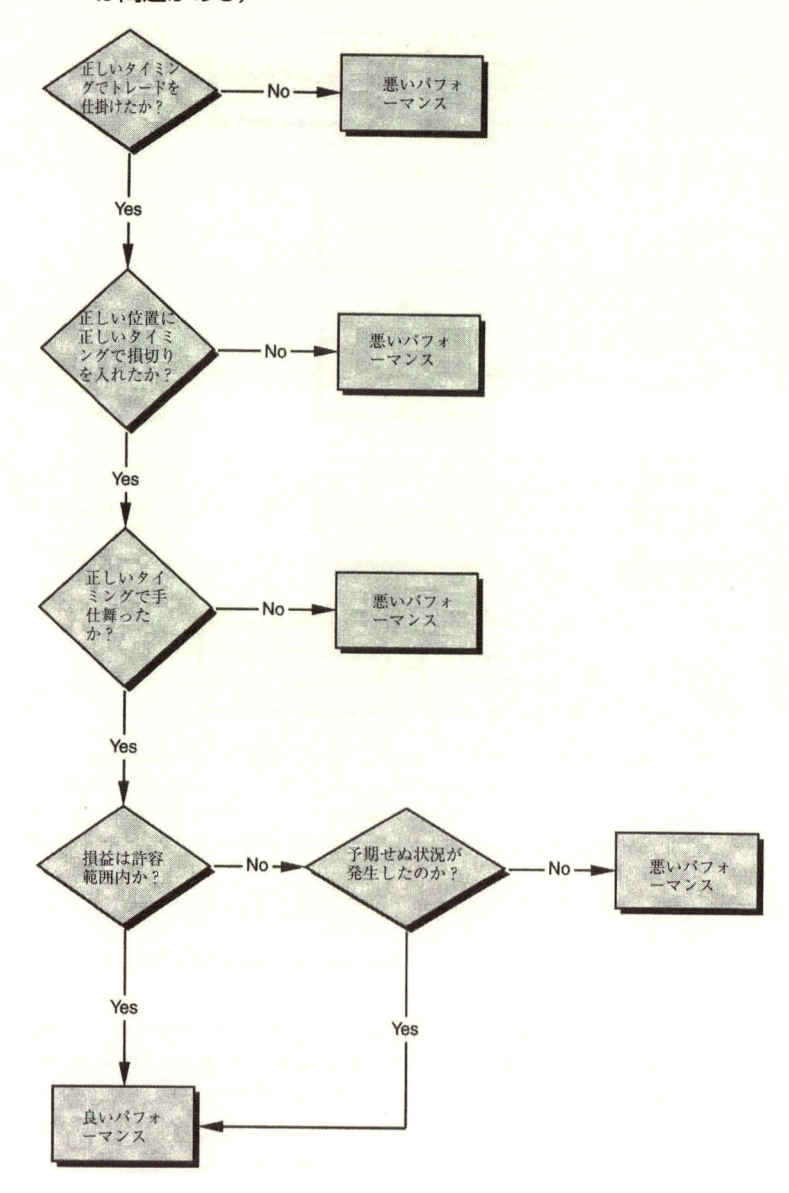

```
              ┌─────────────┐
              │正しいタイミング│ ──No──→ ［悪いパフォーマンス］
              │でトレードを   │
              │仕掛けたか？   │
              └─────────────┘
                    │Yes
                    ▼
              ┌─────────────┐
              │正しい位置に   │ ──No──→ ［悪いパフォーマンス］
              │正しいタイミング│
              │で損切りを     │
              │入れたか？     │
              └─────────────┘
                    │Yes
                    ▼
              ┌─────────────┐
              │正しいタイ     │ ──No──→ ［悪いパフォーマンス］
              │ミングで手     │
              │仕舞ったか？   │
              └─────────────┘
                    │Yes
                    ▼
    ┌─────────┐       ┌─────────────┐
    │損益は許容│ ──No─→│予期せぬ状況が│──No─→［悪いパフォーマンス］
    │範囲内か？│       │発生したのか？│
    └─────────┘       └─────────────┘
         │Yes                │Yes
         ▼                   │
    ［良いパフォーマンス］←───┘
```

図8.3 マネジャーのパフォーマンス（トレーダー同様、マネジャーも間違いを犯す。結果が予想外のときに逆行分析を行うことで問題の所在を客観的に突き止めることができる）

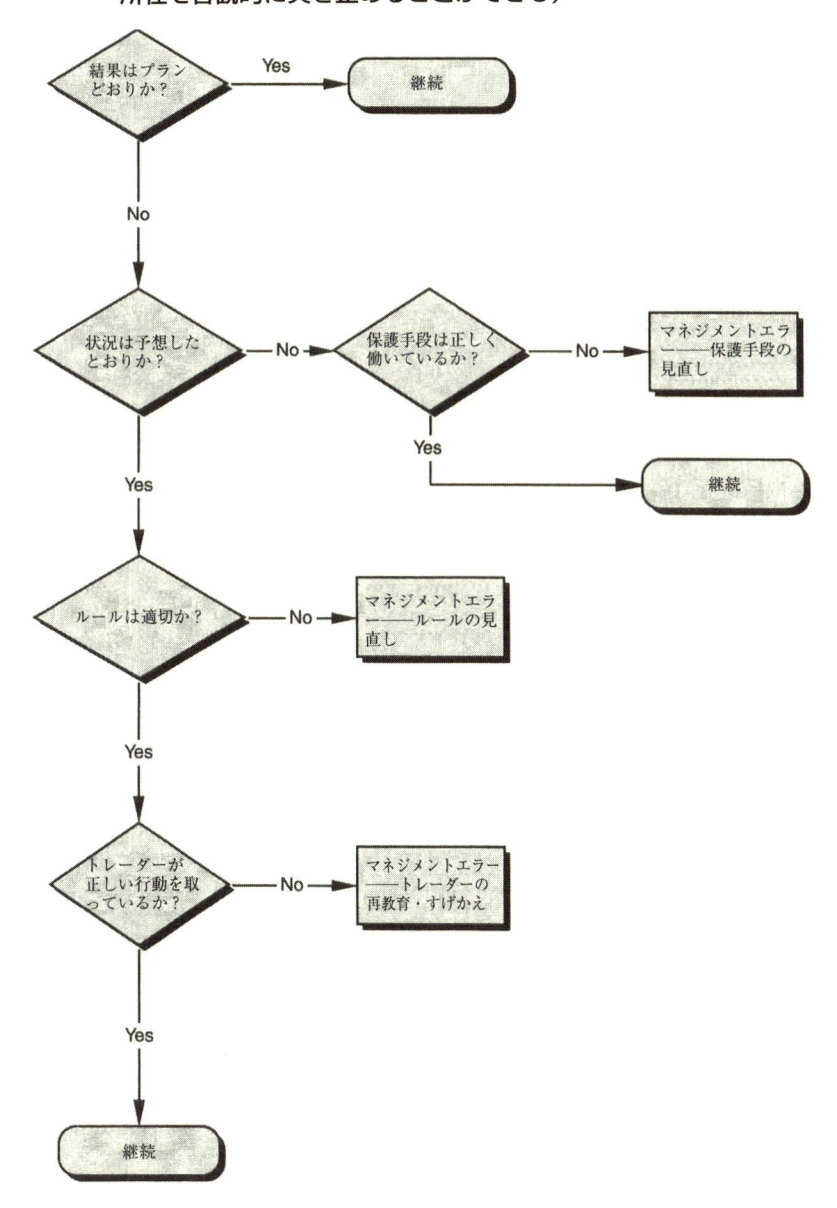

```
結果はプランどおりか？ ──Yes──→ 継続
        │
        No
        ↓
状況は予想したとおりか？ ──No──→ 保護手段は正しく働いているか？ ──No──→ マネジメントエラー──保護手段の見直し
        │                              │
        Yes                            Yes
        ↓                              ↓
                                      継続

ルールは適切か？ ──No──→ マネジメントエラー──ルールの見直し
        │
        Yes
        ↓
トレーダーが正しい行動を取っているか？ ──No──→ マネジメントエラー──トレーダーの再教育・すげかえ
        │
        Yes
        ↓
       継続
```

ダーは簡単なチェックリストで適切な行動を取っていたかどうかをチェックすることができる（**図8.2**を参照）。

一方、自分のトレーダーが出す損失がどれくらいになるのかを客観的に知ることができるトレーディングマネジャー（ほとんどのトレーディングマネジャーは直観的には知っている）は変更を行うためのツールを持っていることになる。彼は上のチェックリストでトレーダーが出した損失を見て、トレーダーの問題、状況の問題、トレーディングルールの問題を洗い出すことができる（**図8.3**を参照）。

トレーダーレベルであるいはマネジャーレベルでこうした評価を行うには何らかの基準が必要になる。悪いトレードを早く手仕舞いしすぎたのか遅く手仕舞いしすぎたのかを知るには、損切りをどこに置くべきだったのかを知る必要がある。損切りの位置がトレードによって、市場状態によって、あるいはトレーダーの能力によって変わると信じているのなら、変動するものはいろいろあり、独断で決める以外にない。一方、自分が制御できるもの——仕掛けポイント、インディケーター、ルール——をベースに損切りを設定すれば、マネジメントできる損切り（あるいはドテンポイント）を設定することができる。

「マネジメント」という言葉に注意してもらいたい。「間違ったポイント」を知っているということはコースから外れたときに目標となるものが客観的に分かることを意味する。コースから外れたら、良いマネジャーがするように、その目標に合わせて修正することである。それまでの勝ちトレードによる利益を知ったうえで損切りを設定することで、あなたは次のことができる。

● 損失の管理——損失の大きさ、頻度、連敗。損失が連続して起こり資産を枯渇させる現象を表すのに、「連敗」以外に良い言葉はないのではないだろうか。
● 各ルールに対して必要とされる水準を決めることで、貴重なトレー

ド資産を管理できる。
- トレーディングルールとシステムを損失・利益目標によって管理できる。
- そのシステムに見合ったパフォーマンスを出したかどうかを測定することで、トレーダーを管理できる。
- 注意深く設定した損失・利益目標によって資産、人、システムを配分する投機ポートフォリオを管理できる。

詳細

通常の経路

　逆行は損失を適切に管理するうえで最も重要な概念であるため、本書は逆行に焦点を当てた。しかし、第2章で述べたように、2つの順行についても定義した。2つの順行は通常の経路と呼ばれるものを定義するときに必要になる。逆行同様、勝ちトレードの順行分析も勝ちトレードと負けトレードを分離することから始める。つまり、勝つ振る舞いと負ける振る舞いを分離するということである。そして、これらの順行を分析して規則性を見つける。この規則性は勝ちトレードのマネジメントに使うことができる。これについては増し玉トレードやドテントレード、損切りの切り上げの文脈で『キャンペーン・トレーディング』のなかでも触れた。逆行については「勝ちトレードがどれくらい不利な方向に動くか」ということになるが、順行については「勝ちトレードがどれくらい有利な方向に動かないか」ということになる。

勝ちトレードと負けトレードを定義し直す

　勝ちトレードと負けトレードとはそもそもどういったものをいうの

だろうか。本書では、勝ちトレードは利益の出るトレード、負けトレードは利益の出ないトレードと定義してきた。しかし、勝ちトレードと負けトレードとの間には中間ゾーン――仕掛けポイントからnポイントプラスあるいはnポイントマイナスの領域で、引き分けになる領域――がある。おそらくそれは取引コストや要求されるリターン（すぐに損失になる場合とそのトレードを正当化できるほど儲からない場合の中間）によって決まる領域だ。このアプローチでは、トレードをこれら３つのグループに分け、仕掛けたあとの振る舞いに大きな違いがあるかどうかを調べる。

関連するインディケーター

　MAE分析で使用する２つの連帯イベント（トレーディングシグナルの発生と逆行・順行の測定）はほかのイベントである場合もある。例えば、S&Pを短期のマネーフローからトレードしたり、為替レートを短期のレートの差でトレードする場合、元となるインディケーターの「シグナル」からの価格の順行・逆行を比較するのが普通だろう。ここで説明するテクニックはトレーディングルールを価格ベースの数字には限定しない。

終値の使用

　MAEは測定に極値（高値や安値）を使うが、時として終値を使ったほうが良い場合もある。高値や安値は薄商いになりやすく、ときには商いがまったくない場合もあり、終値は損切りベースでのトレードが難しい。しかし、終値は流動性には欠けるが、実際に受け入れられる価格となる可能性が高い。終値は高値や安値に比べると値動きが少ないため、日中は警戒の必要があり、効率的な値動きも入手しにくい

が、順行・逆行自体は少ない。

まとめ

　これらの詳細はすべて損失の「あるべき姿」に端を発している。こうした知識を持つことで勝ちトレードが仕事をしやすいように損失を制御できる。勝ちトレードを生みだすトレーダーもトレーディングルールもたくさんあるが、損失を適切に管理できる客観的なテクニックは少ない。本書はそういったテクニックのひとつ――MAE（最大逆行幅）の測定――に焦点を当てたものだ。

付録A──MAEの計算

　MAE（最大逆行幅）は第2章で定義・説明したとおりである。この**付録A**ではMAEを算出するためのマイクロソフトエクセル4.0（エクセルはバージョンは違っても互換性があるため、あとのバージョンでもこのコードを使うことができる）のコードを提供する。そのまま使ってもよいし、自分のニーズに合わせて変更しても構わない。

　ワークシートは行単位で構成され、各行は単位時間（通常、1日）を表す。

　まず、第1行の5つの列のA、B、C、D、Eに日付、始値、高値、安値、終値を入力する。

　次に、F列にその日の引けの時点でのポジション残高を入力する。＋1は買いポジション、0はポジションなし、－1は売りポジションを表す。

　入力されたどの数値も論理的「スイッチ」の役割を果たすため、右側の列の数値は計算に用いられる。ポジション列は計算してもよいし、手動で入力してもよい。複雑な計算が必要なときは、この列の前に列を追加しなければならない。この例では数値は手動で入力する。

　次に、仕掛け値を入力する。セルG2には初期値ゼロを入力し、セルG3には次の式を入力する。

　=IF(F2< >F3,IF(F3=1,-E3,IF(F3=-1,E3,0)),G2)

　この式をG列のセルにコピーしていく。

　この式は仕掛け値として終値を用いる。ほかの価格を使いたい場合は式を修正する。

　買いポジションはキャッシュアウトフローになるので、この式では

買いポジションを負数として表す。売りポジションはキャッシュインフローになるので正数で表す。

次に、損益の列を作成する。この列は、損益を算出し、このあとのMAE列にトレードが仕切られたことを伝えるためのスイッチの役割を果たす。

H2とI2はブランクにする。

セルH3に次の式を入力する。

=IF(G3< >G2,IF(G2>0,G2-E3,IF(G2<0,G2+E3)))

この式をH列にコピーしていく。

この式は、F列の信号が変わったらその日の引けの時点における、手数料とスリッページを含まない正味損益を計算するためのものだ。手数料やスリッページを含ませる場合は「G2-E3」または「G2+E3」を手数料とスリッページを含むように変更する。

最後に次の式を使ってMAEを計算する。この式は、①ポジションを手仕舞った日を除き、ポジションがなければMAEは算出しない、②引けで建てたポジションの開始日にはMAEは算出しない、③ドテンしたらMAEを算出する、④第2章に出てきたMAX式（ゼロ、仕掛け値と最悪の価格との差、前のMAEとを比較して最大のものを選ぶ）を使ってMAEを算出する。ちょっと複雑だが、セルI3には次の式を入力する。

=IF($G3< >0,IF($G2< >0,IF($H2
=FALSE,IF($G2<0,MAX(0,-$G2-$D3,$I2),MAX(0,$C3
 -$G2,$I2)),IF($G2<0,MAX(0,-$G2-$D3),MAX(0,$C3
 -$G2)))),IF($H3< >FALSE,IF($G2<0,MAX(0,-$G2
 -$D3,$I2),MAX(0,$C3-$G2,$I2))))

この式をI列にコピーしていく。

それでは例を見てみよう。

MAE買いの例

表A.1　これは1990/11/07の引けで30.95で建てた買いポジション——ポジション列が「1」と表示されている（このトレードはすぐに逆行して、翌日の安値が30.82に達し、MAEは30.95－30.82＝0.13となり、1990/11/12の引けで手仕舞う。仕掛け価格が－30.95と負数になっているのはキャッシュアウトフローを意味する）

行	A	B	C	D	E	F	G	H	I
1	日付	始値	高値	安値	終値	ポジション	仕掛け価格	損益	MAE
2	11/6/90	28.93	29.62	28.70	29.51				
3	11/7/90	29.40	30.95	29.30	30.95	1	－30.95	False	False
4	11/8/90	31.32	32.35	30.82	32.02	1	－30.95	False	0.13
5	11/9/90	31.50	31.97	30.42	30.59	1	－30.95	False	0.53
6	11/12/90	29.32	29.53	29.03	29.31	0	0	－1.64	1.92

MAE売りの例

表A.2　1985/07/12/に25.56で売った列――ポジション列が「−1」と表示されている（1985/7/23の引けで手仕舞うまで価格が上昇し、それに伴ってMAEも増加。1985/07/12は引けで仕掛けたあと値付けがないためMAEは算出されず、最後の日の1985/07/23の引け前に高値が25.94に達し、逆行は0.38まで上昇）

日付	始値	高値	安値	終値	ポジション	仕掛け価格	損益	MAE
7/12/85	25.77	25.78	25.54	25.56	−1	25.56	False	False
7/15/85	25.43	25.66	25.37	25.59	−1	25.56	False	0.10
7/16/85	25.56	25.70	25.47	25.53	−1	25.56	False	0.14
7/17/85	25.69	25.69	25.53	25.55	−1	25.56	False	0.14
7/18/85	25.61	25.73	25.58	25.62	−1	25.56	False	0.17
7/19/85	25.58	25.62	25.52	25.57	−1	25.56	False	0.17
7/22/85	25.48	25.77	25.38	25.66	−1	25.56	False	0.21
7/23/85	25.82	25.94	25.73	25.93	0	0	−0.37	0.38

　MAEは前の値より低くなることはなく、ゼロより小さくなることもないことに注意しよう。

買いと売りの混合例

　これは買いから売りにドテンした例である。1989/05/24に買いを仕掛け、1989/06/09に手仕舞い、1989/06/12に売りを仕掛け、1989/06/23に手仕舞った。

付録A──MAEの計算

表A.3　買いから売りにドテンした例（すぐにドテンする例については表A.4を参照）

日付	始値	高値	安値	終値	ポジション	仕掛け価格	損益	MAE
5/24/89	17.80	18.31	17.78	18.28	1	−18.28	False	False
5/25/89	18.15	18.50	18.13	18.21	1	−18.28	False	0.15
5/26/89	18.08	18.33	18.07	18.31	1	−18.28	False	0.21
5/30/89	18.31	18.40	18.18	18.38	1	−18.28	False	0.21
5/31/89	18.36	18.42	18.22	18.27	1	−18.28	False	0.21
6/1/89	18.27	18.33	18.20	18.31	1	−18.28	False	0.21
6/2/89	18.24	18.77	18.18	18.75	1	−18.28	False	0.21
6/5/89	19.04	19.17	18.91	19.13	1	−18.28	False	0.21
6/6/89	19.08	19.12	18.81	19.11	1	−18.28	False	0.21
6/7/89	18.84	19.08	18.36	18.41	1	−18.28	False	0.21
6/8/89	18.40	18.66	18.24	18.57	1	−18.28	False	0.21
6/9/89	18.56	18.58	18.20	18.23	0	0	−0.05	0.21
6/12/89	17.93	18.01	17.58	17.61	−1	17.61	False	False
6/13/89	17.64	17.74	17.39	17.41	−1	17.61	False	0.13
6/14/89	17.66	17.73	17.22	17.57	−1	17.61	False	0.13
6/15/89	17.46	17.93	17.45	17.74	−1	17.61	False	0.32
6/16/89	17.63	17.63	17.38	17.51	−1	17.61	False	0.32
6/19/89	17.38	17.62	17.25	17.57	−1	17.61	False	0.32
6/20/89	17.58	17.74	17.52	17.58	−1	17.61	False	0.32
6/21/89	17.63	18.08	17.57	18.01	−1	17.61	False	0.47
6/22/89	18.11	18.26	17.99	18.10	−1	17.61	False	0.65
6/23/89	18.20	18.49	18.18	18.48	0	0	−0.87	0.88

すぐにドテン

最後は買いから売りにすぐにドテンした例だ。

表A.4 すぐにドテンした列（1992/10/06の引けの21.60で買いポジションを建て、1992/10/21の引けの21.44でドテン。1992/10/21の0.23［21.60－21.37＝0.23］のMAEは21.60で建てた前の買いポジションに対するもので、1992/10/22の0.04［21.48－21.44＝0.04］のMAEは1992/10/21の引けで建てた売りポジションに対するもの）

日付	始値	高値	安値	終値	ポジション	仕掛け価格	損益	MAE
10/6/92	21.55	21.63	21.53	21.60	1	−21.60	False	False
10/7/92	21.67	21.70	21.65	21.67	1	−21.60	False	0
10/8/92	21.71	21.78	21.70	21.73	1	−21.60	False	0
10/9/92	21.82	22.14	21.82	22.09	1	−21.60	False	0
10/12/92	22.00	22.04	21.97	22.02	1	−21.60	False	0
10/13/92	21.97	22.05	21.81	21.81	1	−21.60	False	0
10/14/92	21.81	21.89	21.77	21.81	1	−21.60	False	0
10/15/92	21.96	22.06	21.95	22.03	1	−21.60	False	0
10/16/92	22.04	22.08	21.92	21.96	1	−21.60	False	0
10/19/92	22.01	22.03	21.86	21.86	1	−21.60	False	0
10/20/92	21.83	21.92	21.79	21.83	1	−21.60	False	0
10/21/92	21.76	21.77	21.37	21.44	−1	21.44	−0.16	0.23
10/22/92	21.41	21.48	21.18	21.19	−1	21.44	False	0.04
10/23/92	21.27	21.29	21.05	21.07	−1	21.44	False	0.04
10/26/92	20.97	21.14	20.97	21.14	−1	21.44	False	0.04
10/27/92	21.23	21.24	20.93	20.94	−1	21.44	False	0.04
10/28/92	20.82	21.01	20.69	21.00	−1	21.44	False	0.04
10/29/92	20.95	20.98	20.63	20.69	−1	21.44	False	0.04
10/30/92	20.54	20.65	20.46	20.61	−1	21.44	False	0.04

　私はMAE、MaxFE、MinFEの計算はすべて同じスプレッドシートで行う。自分でやるときは式の列の参照を自分の配列に合わせて変更する必要がある。

付録B──MaxFEの計算

　MaxFE(最大順行幅)は第2章で定義・説明したとおりである。この**付録B**ではMaxFEを算出するためのマイクロソフトエクセル4.0(エクセルはバージョンは違っても互換性があるため、あとのバージョンでもこのコードを使うことができる)のコードを提供する。そのまま使ってもよいし、自分のニーズに合わせて変更しても構わない。

　ワークシートは行単位で構成され、各行は単位時間(通常、1日)を表す。

　まず、第1行の5つの列のA、B、C、D、Eに日付、始値、高値、安値、終値を入力する。

　次に、F列にその日の引けの時点でのポジション残高を入力する。＋1は買いポジション、0はポジションなし、－1は売りポジションを表す。

　入力されたどの数値も論理的「スイッチ」の役割を果たすため、右側の列の数値は計算に用いられる。ポジション列は計算してもよいし、手動で入力してもよい。複雑な計算が必要なときは、この列の前に列を追加しなければならない。この例では数値は手動で入力する。

　次に、仕掛け値を入力する。セルG2には初期値ゼロを入力し、セルG3には次の式を入力する。

　=IF(F2< >F3,IF(F3=1,-E3,IF(F3=-1,E3,0)),G2)

　この式をG列のセルにコピーしていく。

　この式は仕掛け値として終値を用いる。ほかの価格を使いたい場合は式を修正する。

　買いポジションはキャッシュアウトフローになるので、この式では

買いポジションを負数として表す。売りポジションはキャッシュインフローになるので正数で表す。

次に、損益の列を作成する。この列は、損益を算出し、このあとのMaxFE列にトレードが仕切られたことを伝えるためのスイッチの役割を果たす。

H2とI2はブランクにする。

セルH3に次の式を入力する。

=IF(G3< >G2,IF(G2>0,G2-E3,IF(G2<0,G2+E3)))

この式をH列にコピーしていく。

この式は、F列の信号が変わったらその日の引けの時点における、手数料とスリッページを含まない正味損益を計算するためのものだ。手数料やスリッページを含ませる場合は「G2−E3」または「G2＋E3」を手数料とスリッページを含むように変更する。

最後に次の式を使ってMaxFEを計算する。この式は、①ポジションを手仕舞った日を除き、ポジションがなければMaxFEは算出しない、②引けで建てたポジションの開始日にはMaxFEは算出しない、③ドテンしたらMaxFEを算出する、④第2章に出てきたMAX式（ゼロ、仕掛け値と最悪の価格との差、前のMaxFEの値とを比較して最大のものを選ぶ）を使って算出する。ちょっと複雑だが、セルI3には次の式を入力する。

=IF($G3< >0,IF($G2< >0,IF($H2
=FALSE,IF($G2<0,MAX(0,$C3+$G2,$I2),MAX(0,$G2
-$D3,$I2)),IF($G2<0,MAX(0,$C3+$G2),MAX(0,$G3
-$D3)))),IF($H3< >FALSE,IF(G2<0,MAX(0,C3
+G2,I2),MAX(0,G2-D3,I2))))

この式をI列にコピーしていく。

それでは例を見てみよう（**表B.1**）。

表B.2はちょっと複雑な例だ。

表B.1　MaxFEの計算例（最初に買い、次に売ったが、いずれの場合もかなりの順行になった。表の−31.04は買いポジションを建てるためのキャッシュアウトフローを意味し、31.20は売りポジションを建てるためのキャッシュインフローを意味する）

	A	B	C	D	E	F	G	H	I
1	日付	始値	高値	安値	終値	ポジション	仕掛け価格	損益	MaxFE
2	6/28/87	31.06	31.12	30.99	31.02		0		
3	6/29/87	30.95	31.08	30.87	31.04	1	−31.04	False	False
4	6/30/87	30.99	31.04	30.97	31.04	1	−31.04	False	0.00
5	7/1/87	31.15	31.21	31.15	31.19	1	−31.04	False	0.17
6	7/2/87	31.19	31.19	31.08	31.18	1	−31.04	False	0.17
7	7/6/87	31.11	31.13	31.03	31.13	0	0	0.09	0.17
8	7/7/87	30.95	31.03	30.75	31.03	0	0	False	False
9	7/8/87	31.00	31.15	30.96	31.15	0	0	False	False
10	7/9/87	31.12	31.20	31.12	31.20	−1	31.20	False	False
11	7/12/87	31.19	31.34	31.19	31.33	−1	31.20	False	0.01
12	7/13/87	31.37	31.44	31.37	31.39	−1	31.20	False	0.01
13	7/14/87	31.55	31.72	31.05	31.68	−1	31.20	False	0.15
14	7/15/87	31.66	31.70	31.57	31.67	−1	31.20	False	0.15
15	7/16/87	31.66	31.66	31.56	31.65	−1	31.20	False	0.15

表B.2 ドテン時のMaxFE（21.60で建てた買いポジションは、1992/10/21の引けで売りにドテン。1992/10/21のMaxFEは買いポジションにおける順行で、1992/10/22のMaxFEは21.44で建てた売りポジションの順行。これらの数値はすべて1列に入力する式で計算できる）

	A	B	C	D	E	F	G	H	I
1	日付	始値	高値	安値	終値	ポジション	仕掛け価格	損益	MaxFE
2	10/6/92	21.55	21.63	21.53	21.60	1	−21.60	False	False
3	10/7/92	21.67	21.70	21.65	21.67	1	−21.60	False	0.10
4	10/8/92	21.71	21.78	21.7	21.73	1	−21.60	False	0.18
5	10/9/92	21.82	22.14	21.82	22.09	1	−21.60	False	0.54
6	10/12/92	22.00	22.04	21.97	22.02	1	−21.60	False	0.54
7	10/13/92	21.97	22.05	21.81	21.81	1	−21.60	False	0.54
8	10/14/92	21.81	21.89	21.77	21.81	1	−21.60	False	0.54
9	10/15/92	21.96	22.06	21.95	22.03	1	−21.60	False	0.54
10	10/16/92	22.04	22.08	21.92	21.96	1	−21.60	False	0.54
11	10/19/92	22.01	22.03	21.86	21.86	1	−21.60	False	0.54
12	10/20/92	21.83	21.92	21.79	21.83	1	−21.60	False	0.54
13	10/21/92	21.76	21.77	21.37	21.44	−1	21.44	−0.16	0.54
14	10/22/92	21.41	21.48	21.18	21.19	−1	21.44	False	0.26
15	10/23/92	21.27	21.29	21.05	21.07	−1	21.44	False	0.39
16	10/26/92	20.97	21.14	20.97	21.14	−1	21.44	False	0.47
17	10/27/92	21.23	21.24	20.93	20.94	−1	21.44	False	0.51
18	10/28/92	20.82	21.01	20.69	21.00	−1	21.44	False	0.75
19	10/29/92	20.95	20.98	20.63	20.69	−1	21.44	False	0.81
20	10/30/92	20.54	20.65	20.46	20.61	−1	21.44	False	0.98
21	11/2/92	20.72	20.76	20.55	20.70	−1	21.44	False	0.98
22	11/3/92	20.77	20.78	20.6	20.65	−1	21.44	False	0.98

付録C──MinFEの計算

　MinFE（最小順行幅）は第2章で定義・説明したとおりである。この**付録C**ではMinFEを算出するためのマイクロソフトエクセル4.0（エクセルはバージョンは違っても互換性があるため、あとのバージョンでもこのコードを使うことができる）のコードを提供する。そのまま使ってもよいし、自分のニーズに合わせて変更しても構わない。

　ワークシートは行単位で構成され、各行は単位時間（通常、1日）を表す。

　まず、第1行の5つの列のA、B、C、D、Eに日付、始値、高値、安値、終値を入力する。

　次に、F列にその日の引けの時点でのポジション残高を入力する。＋1は買いポジション、0はポジションなし、－1は売りポジションを表す。

　入力されたどの数値も論理的「スイッチ」の役割を果たすため、右側の列の数値は計算に用いられる。ポジション列は計算してもよいし、手動で入力してもよい。複雑な計算が必要なときは、この列の前に列を追加しなければならない。この例では数値は手動で入力する。

　次に、仕掛け値を入力する。セルG2には初期値ゼロを入力し、セルG3には次の式を入力する。

　=IF(F2<>F3,IF(F3=1,-E3,IF(F3=-1,E3,0)),G2)

　この式をG列のセルにコピーしていく。

　この式は仕掛け値として終値を用いる。ほかの価格を使いたい場合は式を修正する。

　買いポジションはキャッシュアウトフローになるので、この式では

買いポジションを負数として表す。売りポジションはキャッシュインフローになるので正数で表す。

次に、損益を算出する列を作成する。この列は、損益を算出し、このあとのMinFE列にトレードが仕切られたことを伝えるためのスイッチの役割を果たす。

H2とI2はブランクにする。

セルH3に次の式を入力する。

=IF(G3< >G2,IF(G2>0,G2-E3,IF(G2<0,G2+E3)))

この式をH列にコピーしていく。

この式は、F列の信号が変わったらその日の引けの時点における、手数料とスリッページを含まない正味損益を計算するためのものだ。手数料やスリッページを含ませる場合は「G2−E3」または「G2+E3」を手数料とスリッページを含むように変更する。

最後に次の式を使ってMinFEを計算する。この式は、①ポジションを手仕舞った日を除き、ポジションがなければMinFEは算出しない、②引けで建てたポジションの開始日にはMinFEは算出しない、③ドテンしたらMinFEを算出する、④第2章に出てきたMAX式（ゼロ、仕掛け値と最悪の価格との差、前のMinFEとを比較して最大のものを選ぶ）を使って算出する。ちょっと複雑だが、セルI3には次の式を入力する。

=IF($G3< >0,IF($G2< >0,IF($H2
=FALSE,IF($G2<0,MAX(0,$G2+$D3,$I2),MAX(0,$G2
 -C3,$I2)),IF($G2<0,MAX(0,$G2+$D3),MAX(0,$G2
 -C3)))),IF($H3< >FALSE,IF($G2<0,MAX(0,$G2
 +$D3,$I2),MAX(0,$G2-C3,$I2))))

この式をI列にコピーしていく。

それでは例を見てみよう。

表C.1 MinFEの計算例（最初に買い［表の−21.60は買いポジションを建てるためのキャッシュアウトフローを意味する］、次に売った。これはスプレッドシートの計算ロジックのなかでも難しいケース）

行	A	B	C	D	E	F	G	H	I
	日付	始値	高値	安値	終値	ポジション	仕掛け価格	損益	MinFE
2	10/6/92	21.55	21.63	21.53	21.60	1			
3	10/7/92	21.67	21.70	21.65	21.67	1	−21.60	False	0.05
4	10/8/92	21.71	21.78	21.70	21.73	1	−21.60	False	0.10
5	10/9/92	21.82	22.14	21.82	22.09	1	−21.60	False	0.22
6	10/12/92	22.00	22.04	21.97	22.02	1	−21.60	False	0.37
7	10/13/92	21.97	22.05	21.81	21.81	1	−21.60	False	0.37
8	10/14/92	21.81	21.89	21.77	21.81	1	−21.60	False	0.37
9	10/15/92	21.96	22.06	21.95	22.03	1	−21.60	False	0.37
10	10/16/92	22.04	22.08	21.92	21.96	1	−21.60	False	0.37
11	10/19/92	22.01	22.03	21.86	21.86	1	−21.60	False	0.37
12	10/20/92	21.83	21.92	21.79	21.83	1	−21.60	False	0.37
13	10/21/92	21.76	21.77	21.37	21.44	−1	21.44	−0.16	0.37
14	10/22/92	21.41	21.48	21.18	21.19	−1	21.44	False	0.00
15	10/23/92	21.27	21.29	21.05	21.07	−1	21.44	False	0.15
16	10/26/92	20.97	21.14	20.97	21.14	−1	21.44	False	0.30
17	10/27/92	21.23	21.24	20.93	20.94	−1	21.44	False	0.30
18	10/28/92	20.82	21.01	20.69	21.00	−1	21.44	False	0.43
19	10/29/92	20.95	20.98	20.63	20.69	−1	21.44	False	0.46
20	10/30/92	20.54	20.65	20.46	20.61	−1	21.44	False	0.79
21	11/2/92	20.72	20.76	20.55	20.70	−1	21.44	False	0.79
22	11/3/92	20.77	20.78	20.60	20.65	−1	21.44	False	0.79
23	11/4/92	20.40	20.44	20.28	20.40	−1	21.44	False	1.00

付録D──度数分布の作成

度数分布の作成方法は用いるソフトによって異なる。ここではマイクロソフトエクセルを使った場合の方法を紹介する。度数分布の作成方法を知っておくことは重要だ。これを知らなければ本書に出てくるグラフの作成が非常に厄介になる。

この例では、**付録A**で入力したデータに２つの列（ＪとＫ）を新たに追加する。各行は前と同じように日々の価格と計算結果だ。したがって、各列は次のようになる。

A　日付
B　始値
C　高値
D　安値
E　終値
F　ポジション（買い＋１、売り－１）
G　仕掛け値
H　引けの時点におけるそのトレードの損益
I　MAE
J　勝ちトレードのMAE
K　負けトレードのMAE

セルJ3に次の式を入力する。

=IF(H3< >FALSE,IF(H3>0,I3))

この式をＪ列のセルにコピーしていく。セルK3には次の式を入力

する。

=IF(H3< >FALSE,IF(H3<0,I3))

この式をK列のセルにコピーしていく。これら2つの式は勝ちトレードと負けトレードのMAE（最大逆行幅）を計算するためのものだ。度数分布を作成する関数によって値が算出できない場合はFALSEと表示される。

次に最後の行に飛ぶ。本書で使ったスプレッドシートには3069行ある。したがって、すべての式は3069行までコピーされる。最後の行の次の行、つまりセルJ3070（または、あなたのスプレッドシートの対応するセル）に次の式を入力する。

=count(J3:J3069)

セルK3070には次の式を入力する。

=count(K3:K3069)

これらのカウント数は度数の合計を表すものだ。ここには平均値、中央値、歪度、尖度などほかの統計量を入力してもよい。さて、セルI3070、J3070、K3070には次のように入力する。

セルI3070　MAE
セルJ3070　Winners
セルK3070　Losers

次にビンの幅を設定する。セルI3071に次のように入力する。

付録D――度数分布の作成

セルI3071　0.15

セルI3072に次の式を入力する。

=I3071+0.15

この式をセルI3072からセルI3084までコピーする。するとセルI3084の値は2.1になるはずだ。今あなたのスプレッドシートは次のようになっているはずだ。

	I	J	K
3070	MAE	Winners	Losers
3071	0.15		
3072	0.30		
3073	0.45		
3074	0.60		
3075	0.75		
3076	0.90		
3077	1.05		
3078	1.20		
3079	1.35		
3080	1.50		
3081	1.65		
3082	1.80		
3083	1.95		
3084	2.10		

勝ちトレードのMAEの分布を作成するには、セルJ3071からセルJ3085（J3085まで選択するのは、事象があなたが特定したビンに収まりきれない場合［オーバーフロー］に対応できるようにするため）までを選択し、次の式を入力する（まだENTERは押さない）。

=frequency(J3:J3069,I3071:I3084)

もしマックを使っているのであれば、アップルキーを押しながらENTERを押し、ウィンドウズの場合はCTRL + SHIFT + ENTERを押す。

負けトレードのMAEの分布を作成するには、セルK3071からセルK3085までを選択し、次の式を入力する。

=frequency(K3:K3069,I3071:I3084)

マックを使っているのであれば、アップルキーを押しながらENTERを押し、ウィンドウズの場合はCTRL + SHIFT + ENTERを押す。すると、次のような度数の合計が記入された度数分布表が出来上がるはずだ。

	I	J	K
3070	MAE	Winners	Losers
3071	0.15	80	21
3072	0.30	17	44
3073	0.45	4	28
3074	0.60	0	28
3075	0.75	0	7
3076	0.90	1	10
3077	1.05	1	2
3078	1.20	0	3
3079	1.35	0	1
3080	1.50	1	0
3081	1.65	0	0
3082	1.80	0	1
3083	1.95	0	2
3084	2.10	0	1
3085		0	0
3086		104	148

　これをグラフにするには、I3070からK3084までを選択し、あなたの使っている表計算ソフトのグラフ機能を使ってグラフを作成する。マック用エクセル4.0の場合、アップルキー＋Nを押し、次にC、そしてENTERを押す。これは基本的なグラフなので、必要に応じてカスタマイズしてもよい。

付録E──売りと買いのMAE

価格の逆行は買いと売りとでは異なるのではないか。そう思うときはMAE(最大逆行幅)の分布を買いと売りで別々に考えてみるとよい。違いがあれば、損切りとドテンポイントをトレードの方向に基づいて別々に調整することができる。この**付録E**ではこれを分析するのに必要になるチャートを作成するためのエクセルコードを提供する。

まず**付録D**と同じ要領で各列にデータを入力する。

A　日付
B　始値
C　高値
D　安値
E　終値
F　ポジション(買い+1、売り-1)
G　仕掛け値
H　引けの時点におけるそのトレードの損益
I　MAE

次に、J列に「Short MAE」、K列に「Long MAE」と入力し、セルJ3およびセルK3に次の式をそれぞれ入力する。

Short MAE　　　　Long MAE
=IF(G3<0,I3)　　　=IF(G3>0,I3)

これら2つの列はMAE列(I列)から抜き出したものであり、ポジションが買いか売りかによって Short MAE列 か Long MAE列に

MAEの値が入る。これらの式をJ列とK列のセルにコピーしていく。次に、以下の4つの列を作成する。

Winning Long MAE	Losing Long MAE	Winning Short MAE	Losing Short MAE
=IF($H3<>FALSE,IF($G2<0,IF($H3>0,$I3)))	=IF($H3<>FALSE,IF($G2<0,IF($H3<0,$I3)))	=IF($H3<>FALSE,IF($G2>0,IF($H3>0,$I3)))	=IF($H3<>FALSE,IF($G2>0,IF($H3<0,$I3)))

これらの式は、①ポジションが手仕舞われたかどうか、②そのポジションは買いか売りか（G列で確認）、③勝ったか負けたか――をチェックするためのものだ。式を入力した列はMAE値をそれ自身にコピーする。数値がない場合、そのセルはFALSEに設定される（FALSEは統計量を集計する関数からは無視される）。**表E.1**はこの例を示したものだ。

次に、L列からO列までのデータを**付録D**でやったのと同じ要領で集計する。セルL22からセルO22まではグラフに表示する名前を入力する。

列	L	M	N	O
22	Winners,Long	Losers,Long	Winners,Short	Losers,Short

セルK23からK33まではビンのサイズを入力する。この例ではビンのサイズは0.1に設定したが、ビンのサイズは好きなサイズにすればよく、ビンの数も好きなだけ増減させても構わない。ここでは0.1から0.1刻みで1.0まで設定した。

付録E──売りと買いのMAE

表E.1 買いと売りのMAEの計算（この表は買いと売りを組み合わせたもの。表の数値は仮想的なもので、J列とK列にはL、M、N、O列の状況に合った数値[MAE値]またはFALSEが表示される）

行	A 日付	B 始値	C 高値	D 安値	E 終値	F 買い(1)か売り(-1)	G 仕掛け価格	H 損益	I MAE	J 売りMAE	K 買いMAE
2	6/28/87	31.06	31.12	30.99	31.02		0				
3	6/29/87	30.95	31.08	30.87	31.04	1	−31.04	False	False	False	False
4	6/30/87	30.99	31.04	30.97	31.04	1	−31.04	False	0.07	0.07	False
5	7/1/87	31.15	31.21	31.15	31.19	1	−31.04	False	0.07	0.07	False
6	7/2/87	31.19	31.19	31.08	31.18	1	−31.04	False	0.07	0.07	False
7	7/6/87	31.11	31.13	31.03	31.13	0	0	0.09	0.07	False	False
8	7/7/87	30.95	31.03	30.75	31.03	0	0	False	False	False	False
9	7/8/87	31.00	31.15	30.96	31.15	0	0	False	False	False	False
10	7/9/87	31.12	31.20	31.12	31.20	−1	31.20	False	False	False	False
11	7/12/87	31.05	31.30	31.05	31.14	−1	31.20	False	0.10	False	0
12	7/13/87	31.13	31.31	30.85	30.90	−1	31.20	False	0.11	False	0.1
13	7/14/87	30.95	31.01	30.60	30.60	−1	31.20	False	0.11	False	0.1
14	7/15/87	30.54	30.58	30.32	30.40	0	0	0.8	0.11	False	False
15	7/16/87	30.40	30.42	30.38	30.40	1	−30.40	False	False	False	False
16	7/19/87	30.24	30.30	30.20	30.20	1	−30.40	False	0.20	0.20	False
17	7/20/87	30.20	30.23	30.18	30.18	1	−30.40	False	0.22	0.22	False
18	7/21/87	30.14	30.15	30.05	30.10	0	0	−0.3	0.35	False	False
19	7/22/87	30.10	30.12	30.10	30.12	−1	30.12	False	False	False	False
20	7/23/87	30.20	30.48	30.19	30.45	−1	30.12	False	0.36	False	0.3
21	7/26/87	30.50	30.55	30.48	30.54	0	0	−0.4	0.43	False	False

次に、セルL23からセルL34までを選択し、次の式を入力する。でも、ENTERはまだ押さない。

=frequency(L3:L21,K23:K33)

そして、アップルキーを押したままENTERを押す。ウィンドウズの場合はCTRL＋SHIFT＋ENTERを押す。こうすればすべてエクセルが自動的に入力してくれるので、式をコピーする必要はない。通常、行はもっと多く（21行のように少なくはない）、式中の「L3:L21」はあなたのチェックしたい範囲に合うように調整する。ビンの範囲も同様に、「K23:K33」より大きかったり少なかったりする場合は調整する。

範囲を変えた場合はM、N、O列のすべてを同じように変更する。

M	N	O
=FREQUENCY	=FREQUENCY	=FREQUENCY
(M3:M21,K23:K33)	(N3:N21,K23:K33)	(O3:O21,K23:K33)

　表の最後に度数を合計したセルを加えたら度数分布表の出来上がりだ。出来上がった度数分布表は次のようなものになるはずだ。

表E.2　度数分布表——表E.1の逆行分布は非常に小さく、各ケースにおける度数はそれぞれ1つずつしかない

行	K	L	M	N	O
22		勝ちの買いトレード	負けの買いトレード	勝ちの売りトレード	負けの売りトレード
23	0.1	1	0	0	0
24	0.2	0	0	1	0
25	0.3	0	0	0	0
26	0.3	0	0	0	0
27	0.4	0	1	0	0
28	0.5	0	0	0	1
29	0.6	0	0	0	0
30	0.7	0	0	0	0
31	0.8	0	0	0	0
32	0.9	0	0	0	0
33	1.0	0	0	0	0
34	オーバーフロー	0	0	0	0
35	合計	1	1	1	1

　度数が各ケースで1つずつしかないためこれはグラフにするまでもない。しかし、K22:M33のグラフとK22:K33,N22:O33のグラフを別々に描き、損切り点を比較し、大きな違いがあるかどうかを確認してもらいたい。

付録F──利益曲線の計算

計算

損切りやドテンの位置を度数分布を見て決めることはいつも可能とは限らない。度数分布は各MAE（最大逆行幅）ビンで発生したトレードの数を示しているにすぎず、勝ちトレードの曲線と負けトレードの曲線が重なることもよくある。そこで、同じビンを使って勝ちトレードと負けトレードの損益を計算し、それぞれの曲線を描いて比較してみることにしよう。第4章ではこのプロセスを表を使って説明した。この**付録F**ではこの分析に必要なグラフを描くためのエクセルコードを提供する。

まずは必要なデータを入力する。

A　日付
B　始値
C　高値
D　安値
E　終値
F　ポジション（買い＋1、売り－1）
G　仕掛け値
H　引けの時点におけるそのトレードの損益
I　MAE
J　勝ちトレードのMAE
K　負けトレードのMAE
L　MinFE*
M　MaxFE

＊　MinFEとMaxFEはI列に示した。L列とM列はMinFEとMaxFEに分けたもの

下の表のAからIまでは**表E.1**と同じである。J列とK列を加えると次のようになるはずだ。

A	B	C	D	E	F	G	H	I	J	K
日付	始値	高値	安値	終値	買い(1)か売り(-1)	仕掛け価格	損益	MAE	勝ちトレードのMAE	負けトレードのMAE
6/28/87	31.06	31.12	30.99	31.02		0				
6/29/87	30.95	31.08	30.87	31.04	1	−31.04	False	False	False	False
6/30/87	30.99	31.04	30.97	31.04	1	−31.04	False	0.07	False	False
7/1/87	31.15	31.21	31.15	31.19	1	−31.04	False	0.07	False	False
7/2/87	31.19	31.19	31.08	31.18	1	−31.04	False	0.07	False	False
7/6/87	31.11	31.13	31.03	31.13	0	0	0.09	0.07	0.07	False
7/7/87	30.95	31.03	30.75	31.03	0	0	False	False	False	False
7/8/87	31.00	31.15	30.96	31.15	0	0	False	False	False	False
7/9/87	31.12	31.20	31.12	31.20	−1	31.20	False	False	False	False
7/12/87	31.05	31.30	31.05	31.14	−1	31.20	False	0.10	False	False
7/13/87	31.13	31.31	30.85	30.90	−1	31.20	False	0.11	False	False
7/14/87	30.95	31.01	30.60	30.60	−1	31.20	False	0.11	False	False
7/15/87	30.54	30.58	30.32	30.40	0	0	0.8	0.11	0.11	False
7/16/87	30.40	30.42	30.38	30.40	1	−30.40	False	False	False	False
7/19/87	30.24	30.30	30.20	30.20	1	−30.40	False	0.20	False	False
7/20/87	30.20	30.23	30.18	30.18	1	−30.40	False	0.22	False	False
7/21/87	30.14	30.15	30.05	30.10	0	0	−0.3	0.35	False	0.35
7/22/87	30.10	30.12	30.10	30.12	−1	30.12	False	False	False	False
7/23/87	30.20	30.48	30.19	30.45	−1	30.12	False	0.36	False	False
7/26/87	30.50	30.55	30.48	30.54	0	0	−0.4	0.43	False	0.43

次の表では一番上の行にMAEのビンの値を入力する。この例では、0.11、0.21、0.31、0.41、0.51、0.61と設定した。ビンのサイズは必要に応じて変えてもよい。これらの数値が損切りの値になる。例えば、0.11の損切りは0.10までの逆行を許容する。

各行は1日（あるいは、1週間、1カ月といった単位時間）を表す。表の各セルの結果は、その日までに行ったすべてのトレードのその日の引け時点における終値での資産の合計を表す。ただし、各トレードは各列のビンより0.01少ない値で損切りしたものと想定する（最初の

ビンの場合は0.1で損切りし、２番目のビンの場合は0.2で損切りする……)。

まず最初に各列にビンを入力する。

列	N	O	P	Q	R	S
1	0.11	0.21	0.31	0.41	0.51	0.61

次にセルN3に次の式を入力する。

=IF($H3< >FALSE,IF(N$1<
=ROUND($I3,2),N2-N$1,N2+$H3),N2)

この式を右側のセルにコピーしていく（この例では、S3までコピーする）。次に、N3からS3までを選択して（エクセルではN3:S3で表される）、NからSのすべてのセルにコピーしていく。結果は**表F.1**に示したとおりである。

ここで計算方法をしっかり把握しておこう。ここでは４つのトレードの影響を考慮する必要がある。これは損切りを変更するときや、なぜ結果がいつも直観と違うのだろうと思うときに重要になる。

最初のトレードは第７行で手仕舞いされ、逆行幅はわずか0.07である。損切りは作動しておらず、その時点までの利益は0.09である。

次に第14行を見てみよう。トレードは0.8（80ティック）の利益を出して手仕舞いされており、MAEは0.11である。セルN14を見ると、損切りを0.11で実行した影響が見てとれる。O14のように80ポイントの利益が加算されることなく、損切りを実行したことにより２ポイントの損失が出ている（0.09 − 0.11 = − 0.02）。

表F.1 利益曲線（市場にあまりに近すぎる0.11の損切りは損失を生み、市場価格から遠い損切りは利益につながっている［第21列は各損切りの影響をまとめたもの］）

行	N	O	P	Q	R	S
1	0.11	0.21	0.31	0.41	0.51	0.61
2						
3	0.00	0.00	0.00	0.00	0.00	0.00
4	0.00	0.00	0.00	0.00	0.00	0.00
5	0.00	0.00	0.00	0.00	0.00	0.00
6	0.00	0.00	0.00	0.00	0.00	0.00
7	0.09	0.09	0.09	0.09	0.09	0.09
8	0.09	0.09	0.09	0.09	0.09	0.09
9	0.09	0.09	0.09	0.09	0.09	0.09
10	0.09	0.09	0.09	0.09	0.09	0.09
11	0.09	0.09	0.09	0.09	0.09	0.09
12	0.09	0.09	0.09	0.09	0.09	0.09
13	0.09	0.09	0.09	0.09	0.09	0.09
14	−0.02	0.89	0.89	0.89	0.89	0.89
15	−0.02	0.89	0.89	0.89	0.89	0.89
16	−0.02	0.89	0.89	0.89	0.89	0.89
17	−0.02	0.89	0.89	0.89	0.89	0.89
18	−0.13	0.68	0.58	0.59	0.59	0.59
19	−0.13	0.68	0.58	0.59	0.59	0.59
20	−0.13	0.68	0.58	0.59	0.59	0.59
21	−0.24	0.47	0.27	0.18	0.17	0.17

セルN18はMAEが0.35で0.3の損失を出すところだったが、損切りを0.11で実行したことによって損失を限定できている。したがって、このセルは30ティック（0.3）の損失ではなく、−0.02−0.11＝−0.13の損失になる。セルO18は損切りを0.21に設定したことにより、0.89−0.21＝0.68の利益になる。セルP18は損切りが0.31に設定されているので、0.89−0.31＝0.58の利益である。セルQ18は損切りに達しておらず、損失は0.3なので、0.89−0.3＝0.59の利益になる。

第21行は最後のトレードで、MAEは0.43、損失は0.4である。各セルの計算は自分で確認してもらいたい。

グラフ表示

データをグラフにするには、N1:S1とN21:S21を選択し（不連続なデータの選択はお使いの表計算ソフトのマニュアルを参照してもらいたい。エクセル4.0では、追加セルの選択にはアップルキーを押す）、選択した範囲のグラフを描く（エクセル4.0では、アップルキー＋N＋C＋ENTERを押す。エクセル5.0ではチャートウイザードボタンを押して、指示に従う）。**図F.1**は**表F.1**をグラフ化したものだ。

図F.1 利益と損切り水準（市場に近いところ［0.11］に損切りを置けば損失になるが、0.21に置けば利益は最高になる。結果はいつもこのようにすっきりとはしないが、おおよそはこのようになる）

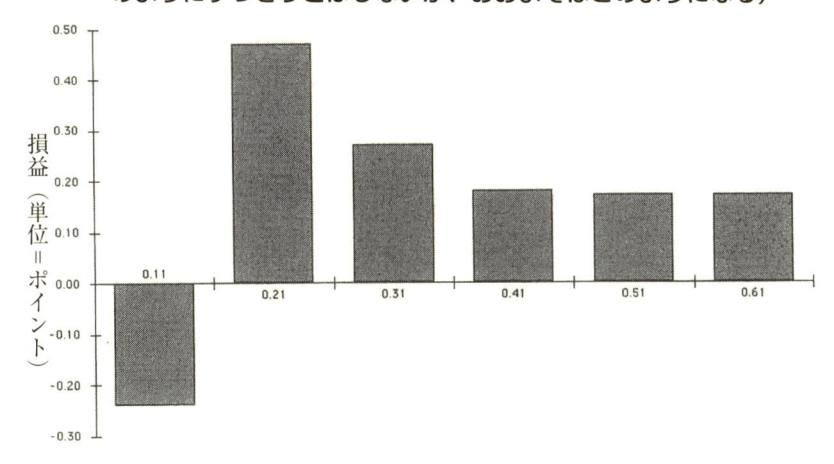

損益（単位＝ポイント）

損切り水準（単位＝ポイント）

図F.1ではN1:S1がワークシートで指定された損切り水準で、ビンの最高限度よりも1ティック高く設定している。

われわれが求めているものは損切りを置く位置である。**図F.1**のデータによると、損切りを0.21に置けば最高の利益が得られることが分かる。

ときとして、収益性の似通った２つあるいは３つの損切り水準があることがある。その場合は、トレーデングが終わる前までにどれかパフォーマンスがよかった損切り水準があると思うのでチェックしよう。**図F.2**は３つの損切り水準における資産曲線を3D表示したものだ。3Dグラフを描くには、**表F.1**を例に取るとN3:P21を選択してグラフを描く。3Dグラフ表示がデフォルトになっていない場合は、3Dグラフ表示できるように変更しよう（エクセル4.0ではGalleryを、エクセル5.0ではチャートウイザードを参考にする）。

図F.2　時間の経過に伴う損益の変遷（これは表F.1を3D表示したもので、これを見るとこのトレード期間において最もパフォーマンスのよい損切り水準が分かる）

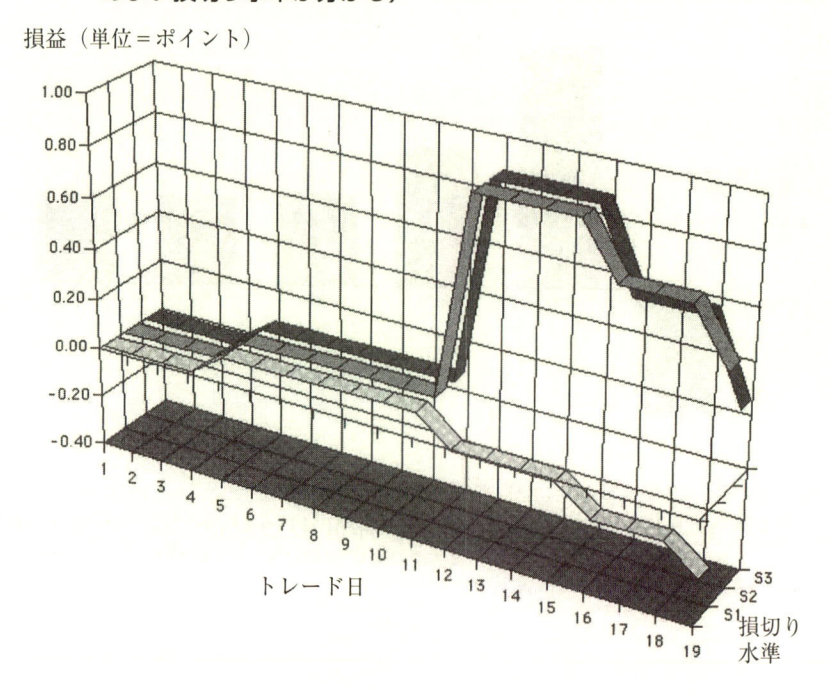

４つのトレードは**図F.1**で示したとおりだが、**図F.2**を見ると最も低い損切りは資産の下降速度は遅いが、トレーディングが終わりに近

づくにつれて2連敗によって資産が急に目減りしている。将来の損切りを決めるに当たってはトレードを長いスパンで観察することが大切だ。

付録G——値幅とボラティリティ

さまざまなトレード対象の値幅とボラティリティの関係を見ておこう。これらのグラフは、値幅を代理としてボラティリティをトラッキングしたり、ボラティリティベースのトレーディングシステムの仕掛けポイントの調整に使える。値幅の拡大は損切りにどんな影響を与えるのだろうか。

各グラフ（図G.1～図G.4）ではボラティリティは20日ボラティリティ、値幅としては1日の高値と安値の差を取り、それの20日単純移動平均を取ったものを使っている。また、ボラティリティの平均を値幅の平均に対して調整することで2つのデータ系列を正規化した。したがって、グラフは両方の変動がおおよそ一致しているので比較しやすい。

図G.1 AT&Tの値幅とボラティリティ（1995年初期においては変動は一致しているが、そのほかの期間では異なっている）

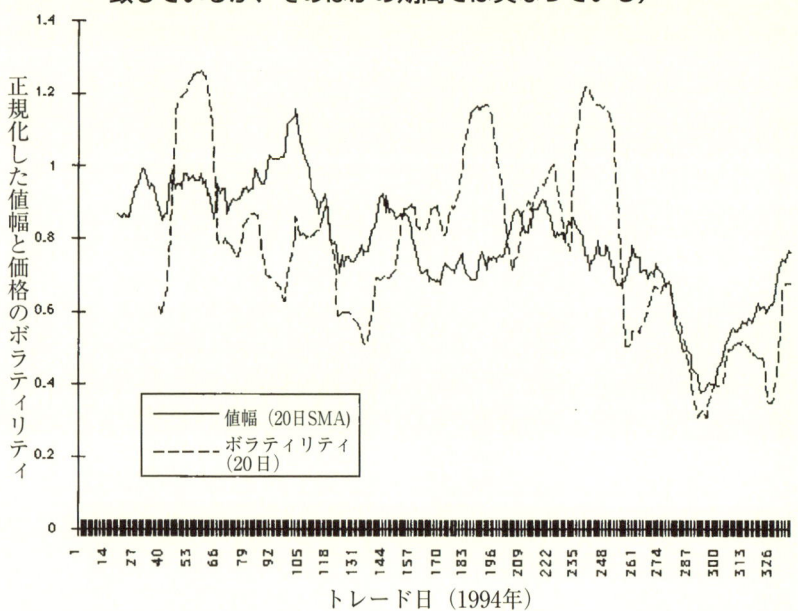

縦軸：正規化した値幅と価格のボラティリティ

凡例：
― 値幅（20日SMA）
--- ボラティリティ（20日）

横軸：トレード日（1994年）

付録G——値幅とボラティリティ

図G.2 コーヒーの値幅とボラティリティ（コーヒーは変動が激しいトレード対象で、値幅とボラティリティの変動はおおよそ一致しているが、値幅のほうが高い水準で推移している）

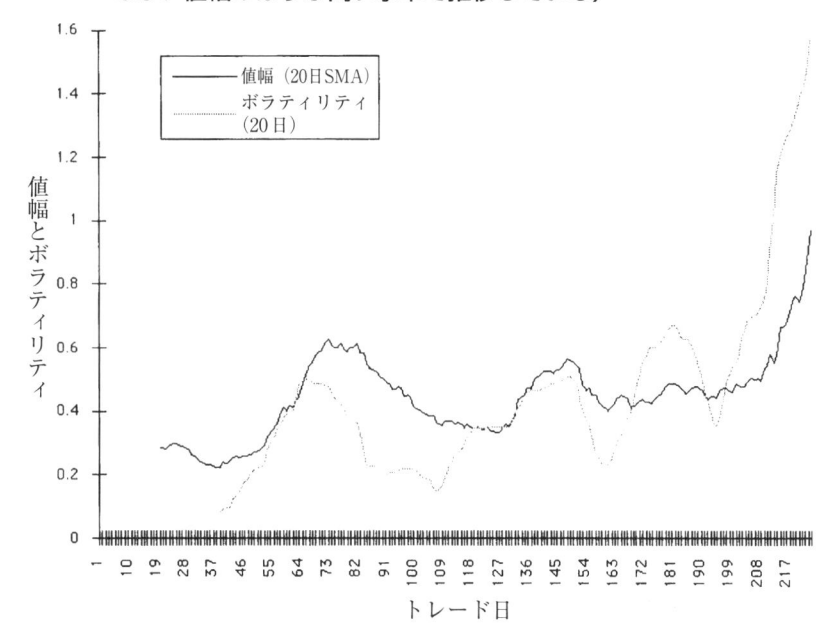

図G.3　1995年6月限Tボンド先物（値幅とボラティリティの変動は先行したり遅延したりしている。短期間ではあるが、値幅の拡大・縮小がボラティリティの拡大・縮小に先行している部分が見られる）

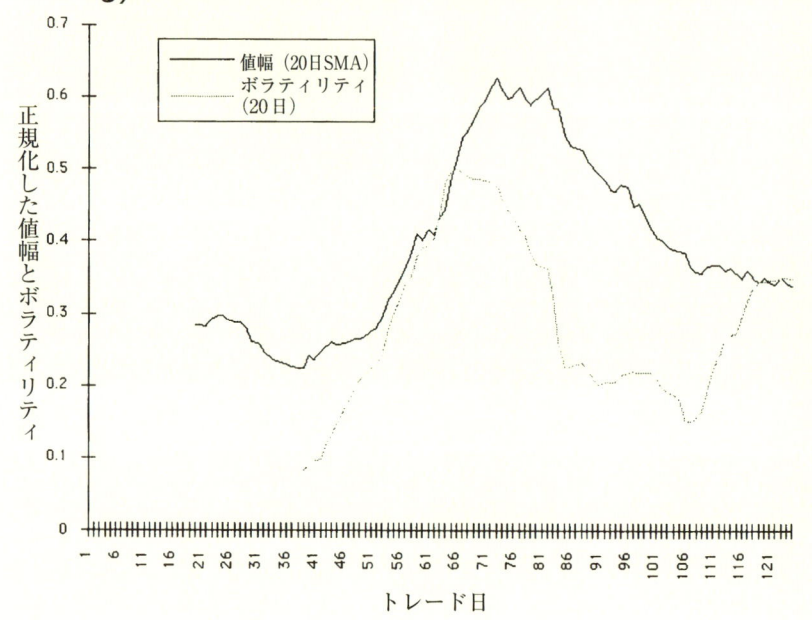

図G.4　ダウ工業株の値幅とボラティリティ（平滑化した日々の値幅は上下動が激しいが、ボラティリティはもっと変動が激しい。値幅とボラティリティが同じ動きをしているということは、両者の関係は大数の法則が働く指数に最もよく当てはまるということが言える）

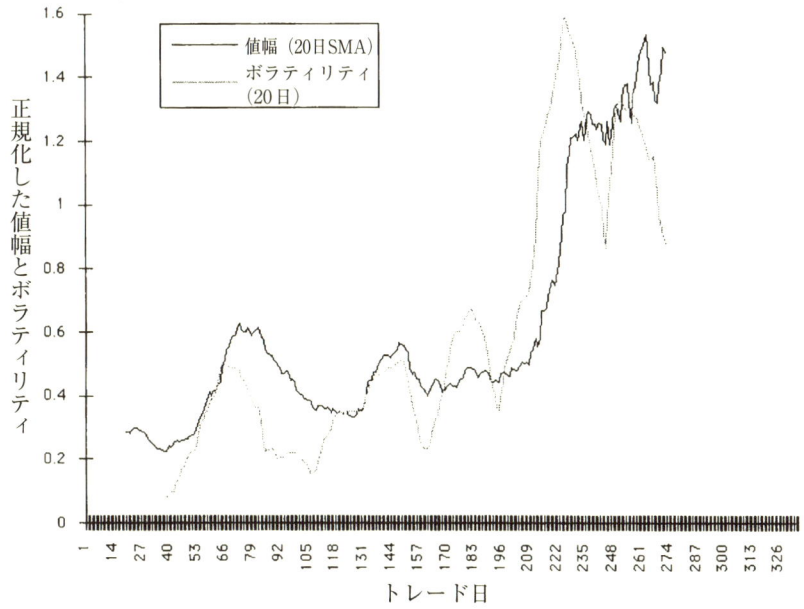

付録H──値幅の拡大と縮小

あなたの選んだトレード対象とトレーディングルールでトレードを開始したあと値幅はどう拡大・縮小するのだろうか。ここではこれを調べるひとつの方法を示すことにする。

まず最初に**表H.1**に示したようにデータの表題を入力する。

表H.1 スプレッドシートの設定（値幅の計算のための列を追加する以外は前の付録からコピーすればよい）

A	日付
B	始値
C	高値
D	安値
E	終値
F	ポジション（買い＋1、売り－1）
G	仕掛け価格
H	引けの時点におけるそのトレードの損益
I	MAE
J	勝ちトレードのMAE
K	負けトレードのMAE
L	MinFE*
M	MaxFE

＊MinFEとMaxFEはI列に示した。L列とM列はMinFEとMaxFEに分けたもの

最初の63行にはデータを入力し、64行目でトレーディングシステムが必要なすべてのデータが入手できるようにする。セルN60に飛んで**図H.1**のようにデータの表題を入力する。

図H.1　表題（レンジの拡大を計算するためにこれらの表題を各セルに入力する。表題を最初の行に入力したい場合はそれでも構わないが、式の入力はセルN64から始まる［「SMA20」は20日単純移動平均を意味する］)

	N	O	P	Q	R	S	T	U
60								Over &
61	Daily		Over or				Range at	Under
62	Range	Day's	Under	Max	Range	Range at	Entry, Life	Range at
63	SMA20	Range	SMA20	Range	Expansion	Entry	of Trade	Entry

表題を入力したら、セルN64からU64に次の式を入力する。セルT64はブランクにしておく。

N64　=ROUND((SUM(C45:C64) − SUM(D45:D64))/20,2)

O64　=C64 − D64

P64　=IF(G64< >0,O64 − N64)

Q64　=IF(G64< >0,IF(G64< >G63,0,MAX(Q63,C64 − D64)))

R64　=IF(G64< >0,Q64 − N64)

S64　=IF($G64< >0,IF($F64< >$F63,$N64))

U64　=IF(G64< >0,O64 − T64)

次に、N64:U65を選択し、CMD-Dを押して式を65行目にコピーする。次に、セルT65に次の式を入力する。

T65=IF($G65< >0,IF($F65< >$F64,$N65,T64))

最後にこれらの式をすべての行にコピーする。最後の行が300なら、N65:U300（このように広範囲を選択するには、一番左上のセルに行き、「Go To」を選択（CMD-Gを押すか、メニューから選ぶ）して一番右下のセルの番号を入力し、Shift + ENTERを押せばよい）を選択し、CMD-Dを押す。エクセルが「Undoしなければ処理できない」ことを

警告してきたら、警告を受け入れる。これですべての式を必要なセルにコピーできるはずだ。

グラフ

エクセルはバージョンによってグラフを構築するインターフェースが異なるので、ここではグラフ化のためのデータの入力は本書で示すものに限定する。

上で計算した値は各トレードの最中に発生した一連の値を示す。どの列にどういう数値が現れるのか分からず、トレードを開始した日からそれぞれをグラフ化しなければならないので、これらの数値はカット＆ペーストで２番目のスプレッドシートに移し替えて、そこでグラフ化するとよい。

したがって２枚のスプレッドシートを新たに作成する。ひとつは仕掛けたあとの値幅を20日単純移動平均と比較するためのもの、もうひとつはこれらの値幅を仕掛けた日の値幅と比較するためのものだ。これら２つのスプレッドシートは必ず別々に管理するようにしよう。

２枚の新しいスプレッドシートには２つのデータが入力されている。ひとつはA3:AZ36からのもので、もうひとつはA38:AZ65からのものである。これらは必要に応じて変更してもよい。行番号はトレード番号を表し、列番号はトレードが何日続いているかを表す。上のモデルでは数値は水平方向に並んでいる。水平方向の数値を垂直方向に並べ替えたくなければ、これら２つのデータは最初から水平方向ではなく垂直方向に並べてもよい。

まず表題を入力する。**図H.2**はWinnersのデータの始まりを示している。Losersの表題はセルB38に入力する。この例ではトレード日の値幅を値幅の20日移動平均と比較する。

図H.2 グラフシートの表題（2つの異なる値幅拡大の測定値を入力する
ワークシートは別々にする［コメントを入力するのを忘れずに］。
最初のトレードのデータは第5行から始まる）

	A	B	C	D	E	F	G	H
1		This worksheet compares the 20-day average range each day to the range on each day of the trade.						
2		Remember to chop off the first day because that range was BEFORE the entry at the close.						
3		Winners						
4								
5	-0.11	-0.12	-0.07					

　表題を入力したら、この付録で最初に構築したモデル（値幅拡大モデル）に戻る。最初のトレードは**表H.2**に示したようなものになる。

　次にグラフシートに移ってセルA5を選択する。メニューから［EDIT Paste Special］を選択する。するとポップアップウィンドウが出てくるので、［Paste Values］を選択して［Transpose］ボタンをクリックして、［OK］ボタンを押す（あるいは［ENTER］を押す）。すると、数値が**図H.2**で示したように入力される。

表H.2

日々の値幅 (SMA20)	1日の値幅	SMA20より上か下か	最大値幅	値幅の拡大	仕掛けた日の値幅	トレード期間中の値幅	仕掛けた日の値幅より上か下か
0.18	0.07	-0.11	0.07	-0.11	False		0.07
0.18	0.06	-0.12	0.07	-0.11	False	0	0.06
0.18	0.11	-0.07	0.11	-0.07	False	0	0.11
0.18	0.10	False	False	False	False	False	False
0.18	0.28	False	False	False	False	False	False
0.19	0.19	False	False	False	False	False	False
0.19	0.08	-0.11	0	-0.19	0.19	0.19	-0.11
0.19	0.15	-0.04	0.15	-0.04	False	0.19	-0.04

　次に、値幅拡大モデルに戻って、次のトレードに進む。前と同じように、すべての値を選択し、それをコピーし、グラフシートに貼り付ける。そのトレードが勝ちトレードならセルA6に貼り付け、負けトレードならセルA39に貼り付ける。これを測定したすべての値幅の拡大幅をグラフシートにコピーし終わるまで続ける。

図H.3 度数分布の式の入力（勝ちトレードと負けトレードの値幅の拡大の分布をグラフシートにまとめたもの）

	A	B	C
77		Losers	Winners
78	-0.7	=FREQUENCY(B39:AV65,A78:A90)	=FREQUENCY(B5:AV35,A78:A90)
79	-0.5	=FREQUENCY(B39:AV65,A78:A90)	=FREQUENCY(B5:AV35,A78:A90)
80	-0.3	=FREQUENCY(B39:AV65,A78:A90)	=FREQUENCY(B5:AV35,A78:A90)
81	-0.1	=FREQUENCY(B39:AV65,A78:A90)	=FREQUENCY(B5:AV35,A78:A90)
82	0	=FREQUENCY(B39:AV65,A78:A90)	=FREQUENCY(B5:AV35,A78:A90)
83	0.1	=FREQUENCY(B39:AV65,A78:A90)	=FREQUENCY(B5:AV35,A78:A90)
84	0.3	=FREQUENCY(B39:AV65,A78:A90)	=FREQUENCY(B5:AV35,A78:A90)
85	0.5	=FREQUENCY(B39:AV65,A78:A90)	=FREQUENCY(B5:AV35,A78:A90)
86	0.7	=FREQUENCY(B39:AV65,A78:A90)	=FREQUENCY(B5:AV35,A78:A90)
87	0.9	=FREQUENCY(B39:AV65,A78:A90)	=FREQUENCY(B5:AV35,A78:A90)
88	1.1	=FREQUENCY(B39:AV65,A78:A90)	=FREQUENCY(B5:AV35,A78:A90)
89	1.3	=FREQUENCY(B39:AV65,A78:A90)	=FREQUENCY(B5:AV35,A78:A90)
90	1.5	=FREQUENCY(B39:AV65,A78:A90)	=FREQUENCY(B5:AV35,A78:A90)
91		=FREQUENCY(B39:AV65,A78:A90)	=FREQUENCY(B5:AV35,A78:A90)
92		=SUM(B78:B91)	=SUM(C78:C91)

　第5章の分析グラフを作成するには次の方法に従う。**図5.4**のような日々の値幅の変動をグラフ化するには、勝ちトレードのセルをすべて選択してグラフを作り、グラフの種類を散布図に変更する。勝ちトレードだけ選んでもよければ、負けトレードだけ選んでもよく、両方を選んでもよい（不連続のデータポイントを選択してコマンドキーを押す）。**図5.6**や**図5.7**のような折れ線グラフを描きたい場合はグラフの種類を折れ線グラフに変えればよい。

　私は統計関数を各ワークシートの最後に入力する。**図5.7**を作成するには度数分布をセルA77:A91に入力する。入力は少し難しいので順を追って説明しよう。セルB77に表題「Losers」を、C77に「Winners」を入力する。次に、セルA78:A90に－0.7、－0.5、－0.3、－0.1、0、0.1、0.3、0.5、0.7、0.9、1.1、1.3、1.5を入力する。次にセルB78:B91を選択して次の式を入力する。

　　　=FREQUENCY(B39:AV65,A78:A90)

でも、ENTERキーは押さないで、コマンドボタンを押しながらENTERキーを押す。これによって度数分布をセルA78:A90のビンを使ってすべてのセルにコピーでき、オーバーフローがあればセルB91に入力される。これはすべてのデータポイントを、負けトレードの値幅の拡大が存在するセルB39:AV65に仕分けするための処理だ。

図H.4 値幅の拡大の統計量のまとめ（これらの式は値幅の拡大を表す通常のパラメトリック統計量を計算するのに使える［表5.1を参照］。値幅分析では目視によって判断する場合が多いため、これらの数値は細かいエラーを見つけるのに使える）

	A	B	C
67		Losers	Winners
68	n (number of days in trades)	=COUNT(B39:AV65)	=COUNT(B5:AV35)
69	Max	=MAX(B39:AV65)	=MAX(B5:AV35)
70	Min	=MIN(B39:AV65)	=MIN(B5:AV35)
71	Average	=AVERAGE(B39:AV65)	=AVERAGE(B5:AV35)
72	Std. Deviation	=STDEV(B39:AV65)	=STDEV(B5:AV35)
73	Skew	=SKEW(B39:AV65)	=SKEW(B5:AV35)
74	Kurtosis	=KURT(B39:AV65)	=KURT(B5:AV35)

勝ちトレードの場合はC78:C91を選択して次の式を入力する。

=FREQUENCY(B5:AV35,A78:A90)

エクセルの表示オプションを「Display Formulas」にすると**図H.3**に示したようなものが得られるはずだ。

ここからは簡単だ。A77:C90を選択しグラフを描いたら、グラフの種類を棒グラフに変更すればよい。あるいは自分の描きたいグラフに変更してもよい。

セルA67に統計量のまとめを入力する。**図H.4**は入力する式を示している。

付録 I ── マルティンゲール

この付録 I はエクセルでマルティンゲールモデルを作成するための方法を説明する。

まず空白のスプレッドシートを用意し、図I.1のように表題を入力する。

ここには最初の8つの行を示しているが、表題は最初の4行だけである。計算を示す第5行からの行についてはのちほど説明する。

1行目には表題を入力する。2行目には値0.5をC2に、1.0をD2に、$310をF2に入力する。4行目に図に示したように表題を入力する。「Bet Table」をセルG4とH4に入力する。

図I.1　表題（1行から4行までは文字列または計算に用いる固定値を入力する）

	A	B	C	D	E	F	G	H
1	Assumptions:		P(WIN)	Win / $ Loss		Bet Size		
2			0.5	1		$310		
3								
4	Trade	Bet	Win or Loss	Contracts Loss/Gain	Equity Units	$ Equity	Bet Table	
5	1	1	LOSS	-1	-1	($310)	-45	10
6	2	2	WIN	2	1	$310	-36	9
7	3	0	FALSE	0	1	$310	-28	8
8	4	0	FALSE	0	1	$310	-27	8

勝率はあとで変わる可能性があるが、ここでは便宜上0.5に設定する。セルD2の1はペイオフレシオ（平均勝ちトレード÷平均負けトレード）を表す。この値は調整可能で、この値を変えれば資産とドローダウンは大きく変わってくる。セルF2の$310はMAE（最大逆行幅）であり、本書に使われている原油データの平均損失を表す。トレードによってはMAEによる損切りに達することなく負けトレードになるものもある。モデルそのものはトレーディングユニットで計算するが、

便宜上ドル価でも表示する。スリッページと手数料を加味すればもっと悪い数値になることもある。

計算

　第5行には必要に応じて初期値を入力し、第6行に式を入力する。A5:F24を選択して第6行を第24行までコピーする。G列とH列の「Bet Table」は手動で入力することに注意しよう。これは公式ではなく、E列のEquity Unitsの状況に基づいてエクセルが検索する特別な数値だ。私はこの表を複雑なマルチンゲールを使って作成したので、賭けサイズはすぐに検索できる。ここで使っているマルチンゲールはボブ・ペレティエ（ロバート・C・ペレティエ、「Martingale Money Management」[『ストック・アンド・コモディティー』V.7.3〈Seattle, 1988〉PP.69-72]、「Money Management for Martingale Commodity Traders」[『ジャーナル・オブ・コモディティー・トレーディング』4〈3〉]）のものとは若干異なる。

　次の数値または式を第5行に入力する。

A5　1
B5　1
C5　=IF(B5=0,FALSE,IF(RAND()>C$2,"LOSS","WIN"))
D5　=IF(C5="LOSS",-B5,B5*D$2)
E5　=D5
F5　=E5*F$2

　第6行以降に式を入力する前に、式を入力したときにエラーが出ないようにするために検索テーブルを作成しておこう。この検索テーブ

ルは資産に対する賭けのサイズで構成されている。モデルは長引く連勝や連敗のときにその容量を超える可能性があり、その場合「N/A」エラーになる。「N/A」エラーになったら無視して計算し直す。このほうがエクセルに複雑なマルティンゲールを完全にシミュレートさせるためにロジックを入力するよりも簡単だ。

検索テーブルはセルG4に「Bet Table」と入力して、その下に手動で入力する。

列	Bet Table	
	G	H
5	−45	10
6	−36	9
7	−28	8
8	−27	8
9	−21	7
10	−20	10
11	−19	8
12	−15	6
13	−14	6
14	−11	8
15	−10	5
16	−9	5
17	−8	6
18	−6	4
19	−5	4
20	−4	5
21	−3	3
22	−2	3
23	−1	2
24	0	1

この表をアクティブにするには、範囲を指定する。この場合、G5:

H24を選択し、「Formula/Deine Name」を選択する（エクセルはバージョンによって名前の定義方法が異なる。お使いのバージョンのマニュアルを参照してもらいたい）。するとダイアログボックスが現れるので、選択した範囲に「Bet_Table」という名前を付ける。OKボタンをクリックしてポップアップウィンドウを閉じる。

次に第6行に次の式を入力する。

A6　=A5+1
B6　=IF(E5>0,0,VLOOKUP(E5,Bet_Table,2))

B6の値には今入力したばかりの検索テーブルの値を使う。

C5:F24を選択し、CMD-Dを押す。これでこれらの式は24行までコピーされる。同様に、A6:B24を選択し、CMD-Dを再び押す。セルの数値は異なるかもしれないが、**表I.1**のようなワークシートが得られるはずだ。

説明

A列は簡単なカウンターを示す。カウンター番号と行番号は一致しないことに注意しよう。

B列はG5からH24までの数値からなるBet Tableを使って賭けサイズを計算する。前のトレードのE列のEquity Unitsがゼロか負数の場合、G列のBet Tableのなかからその数値を探し、隣の値（H列）を選ぶ。例えば、トレード2の前のトレードのEquity Unitsの列は－1なので、Bet Tableのなかから－1の数値を探し、その隣にある2を選ぶ。したがって、トレード2の賭けのサイズは2枚または2ユニット（株式の場合）ということになる。

C列は0から0.9999の間の乱数を計算する。乱数を計算したら、そ

れをセルC2にある勝率と比較し、そのトレードが勝ちトレードなのか負けトレードなのかを判断する。

D列は勝ちトレードか負けトレードかを判断して、勝った・負けたユニット数を計算する。負けトレードなら賭けたユニット数になり、勝ちトレードならユニット数にペイオフレシオを賭けた値になる。

表I.1 完成したマルティンゲールモデル（このモデルでは310ドル勝つまでに18回のトレードを要し、それまでに4340ドル＋証拠金だけの損失に耐えなければならない。18連敗もするとマルティンゲールの魅力は半減するが、少なくとも最終的には勝つ）

A	B	C	D	E	F	G	H
		P(Win)=0.5	勝ち/負けの比率=1		賭け金=310ドル		
トレード	賭け金	勝ち/負け	勝った/負けた枚数	資産（ユニット）	資産（ドル）	Bet Table	
1	1	勝ち	-1	-1	$(310)	-45	10
2	2	負け	2	1	310	-36	9
3	0	False	0	1	310	-28	8
4	0	False	0	1	310	-27	8
5	0	False	0	1	310	-21	7
6	0	False	0	1	310	-20	10
7	0	False	0	1	310	-19	8
8	0	False	0	1	310	-15	6
9	0	False	0	1	310	-14	6
10	0	False	0	1	310	-11	8
11	0	False	0	1	310	-10	5
12	0	False	0	1	310	-9	5
13	0	False	0	1	310	-8	6
14	0	False	0	1	310	-6	4
15	0	False	0	1	310	-5	4
16	0	False	0	1	310	-4	5
17	0	False	0	1	310	-3	3
18	0	False	0	1	310	-2	3
19	0	False	0	1	310	-1	2
20	0	False	0	1	310	0	1

E列は前の値（E列）に勝った・負けたユニット（D列）を加算する。

F列は便宜上のためだけに存在し、勝った・負けたユニットをドル価に換算する。

用途

　このモデルはマルティンゲールの長所と短所をよく示している。このモデルは勝ち負けがランダムに発生するため、別のシナリオを見るにはCalculate Nowコマンドを押す（CMD＝）。勝率50％とペイオフレシオ1の基本的なケースに慣れてきたら、勝率やペイオフレシオを変えてマルティンゲールのマネジメントでは何が重要なのかを考えてみるとよい。

　冒険として、ペイオフレシオを1から5の確率変数にして、左側の歪度を1から3にして分析してみることをお勧めする。

付録J──マルティンゲールのトレーディングキャンペーンへの応用

　この**付録J**では単純なMAE（最大逆行幅）による損切りを使ってトレードするとき、マルティンゲールを使ったときと使わなかったときの資産曲線を比較するためのエクセルコードを提供する。この資産曲線はリターンに変換してボラティリティやリスク・リワード・レシオの分析に使うことができる。グラフ化すれば視覚的に比較できるため、多くの情報をもたらしてくれる。

　この例は以前の付録とは設定が若干異なる。最初のA列からE列までの64行はデータを入力するセルで、これらのセルの配置は**付録F**と**付録H**でMAEの計算に使ったものと同じだ。

　次にセルF63からO63までに**図J.1**にある表題を入力する。

　次に2つに初期値を入力する。セルJ61には0.31を入力するが、この値はあとでモデルを調整するときに必要に応じて変更してもよい。セルO59には表題「Margin in $」を入力し、O60には2000ドルを、またO61には式「＝O59/10」を入力する。これはこのトレード対象の1ティックが10ドルであることを意味する。証拠金をポイントで計算する場合は必要に応じて変更する。

　日々の計算のための式を入力する前に、ひとつ準備しておかなければならないものがある。それは「Bet Table」である。これらの数値は私が使ったマルティンゲール特有のものなので手動で入力しなければならない。Q62に表題「Bet Table」と入力し、Q62:R96に**図J.2**に示したように数値を入力する。

　原油の連敗は長く続くので、このBet Tableはシミュレーションモデルよりも長大なものになる。

図J.1 マルティンゲール分析の表題（最初の5つの列と63の行はトレーディングルールを示すもので、分析のタイトルはセルF63～セルO63に表示する）

	F	G	H	I	J	K	L	M	N	O
63	Trade	Position	Trend P&L	MAE	Trend Equity	Number Blocks Won or Lost	Martingale's Blocks Outstanding	Martingale Equity	Trend & Martingale Equity	Margin
64	1	-31.04	FALSE	FALSE	0	FALSE	FALSE	FALSE	0	200
65	1	-31.04	FALSE	0	0	FALSE	FALSE	FALSE	0	200
66	1	-31.04	FALSE	0	0	FALSE	FALSE	FALSE	0	200
67	0	0	0.09	0.01	0.09	FALSE	FALSE	FALSE	0.09	FALSE

図J.2 原油の賭け表（最大で12回の負けトレードと23回のトレードのマルティンゲールに対応するために、この賭け表は付録Ｉのシミュレーションの賭け表よりも長くなっている）

	Q	R
62	Bet Table	
63	-196	30
64	-166	27
65	-115	24
66	-94	21
67	-77	16
68	-76	18
69	-65	12
70	-61	15
71	-55	11
72	-54	11
73	-53	12
74	-45	10
75	-44	10
76	-43	11
77	-36	9
78	-32	11
79	-28	8
80	-27	8
81	-21	7
82	-20	7
83	-19	8
84	-15	6
85	-14	6
86	-11	8
87	-10	5
88	-9	5
89	-8	6
90	-6	4
91	-5	4
92	-4	5
93	-3	3
94	-2	3
95	-1	2
96	0	1

Bet Tableはエクセルに定義しておく必要がある。Q63:R96を選択したら、メニューバーから「FORMULA/DEFINE NAME」を選択し、「Bet_Table」と入力したら［OK］ボタンを押す。これ以降はこの名前でテーブル全体を参照できるようになる。

F64からO64に次の式を入力する。

F64 =IF(E64>E52,IF(E64>E4,1,0),IF(E64<E4,-1,0))

G64 =IF(F63<>F64,IF(F64=1,-E64,IF(F64=-1,E64,0)),G63)

H64 FALSE

I64 FALSE

J64 0

K64 =IF(H64<>FALSE,IF(H64<0,IF(K63=FALSE,-1,-VLOOKUP(L63,BET_Table,2)),IF(K63=FALSE,FALSE,VLOOKUP(L63,Bet_Table,2))),IF(L63>=0,FALSE,IF(M63>=0,FALSE,K63)))

L64 =IF(K63=FALSE,FALSE,IF(H64<>FALSE,K64+L63,L63))

M64 =IF(L64=FALSE,FALSE,IF(H64<0,IF(J$61>I64,-H64*K64+M63,J$63*K64+M63),H64*K64+M63))

N64 0

O64 =IF(G64<>0,IF(K64<0,O$61-K64*O$61,O$61+K64*O$61),FALSE)

H64、I64、J64、N64には初期値が入力されるが、それ以外の行には式を入力する。65行にも式を入力するが、タイプ入力を省くためにF64:O65を選択してCMD-Dを押す。H65、I65、J65、N65には次の式を上書き入力する。

H65 =IF(G65<>G64,IF(G64>0,G64-E65,IF(G64<0,G64+E65)))

I65　=IF($G65<>0,IF($G64<>0,IF($H64=FALSE,IF
　　　($G64<0,MAX(0,-$G64-$D65,$I64),MAX(0,$C65
　　　-$G64,$I64)),IF($G64<0,MAX(0,-$G64
　　　-$D65),MAX(0,$C65-$G64)))),IF($H65<>
　　　FALSE,IF($G64<0,MAX(0,-$G64
　　　-$D65,$I64),MAX(0,$C65-$G64,$I64))))
J65　=IF($H65<>FALSE,IF(J$61<$I65,J64-J$61,J64+$H65),J64)
N65　=IF(H65=FALSE,N64,IF(M65=FALSE,N64+J65-J64,M65-M64+N64))

　「シンプル」なトレーディングアイデアの裏にはこんなロジックが隠されていたわけである。

　同じ式を最後の行まで入力する。最後の行が3000だとすると、F65:O3000を選択して（これを簡単に行うには、カーソルをF65に合わせて、「GO TO」を選択してポップアップボックスにO3000を入力する。ボックスを閉じる前に、Shiftキーを押したまま［OK］ボタンをクリックする。するとすべての領域が選択される）CMD-Dを押せばよい。選択領域がUndoするには大きすぎる、という警告が現れても無視して［OK］ボタンを押す。式をすべての行にコピーしたら、「Calculate Now」を選択する（「Automatic Calculation」をオンにしていない場合）と、資産曲線がJ列とN列に表示される。

　エクセルはバージョンによってチャートの作成手順が異なるため、ここではチャートの作成方法については述べないが、最も簡単な方法は折れ線グラフをデフォルトのチャートの種類に設定し、チャートを作成したい領域を選んだらチャートウイザードを起動する。Mac用エクセル4.0の場合、CMD-N、Cを押しENTERキーを押す。

説明

　F列からI列についてはこれまでの付録と同じである。F列にはポジションがあるかどうかと、どの方向のポジションかを入力する。異なるトレーディングルールのモデルを使うときにはこれは変更してもよい。G列には仕掛け値を入力する。買いのときは負数（キャッシュアウトフロー）で、売りのときは正数（キャッシュインフロー）になる。H列には損益を入力する。I列は日々のMAEの値を入力する。

　J列はMAEによる損切りを0.31に置いたときの現在までの損益のトータルを表し、ひいてはこれがトレンドトレードの資産曲線となる。J列はトレードが手仕舞いされるごとに逆行が0.31水準を超えたかどうかをチェックし、超えていればそのトレードは最初は勝ちトレードであったとしても0.31の損失を出したことになる。これはMAEによる損切りのマイナスの影響を示すものだ。

　マルティンゲールの資産曲線を得るために、K列は負けトレードが現れるまで待ち、現れたらそのトレードでリスクにさらされた枚数または株数をユニットで計算する。これらの値はマルティンゲールの数を数えるために使われるものだ。このあとマルティンゲールがさらなる連敗を重ねれば、リスクにさらされる枚数をBet Tableで検索して再計算する。Bet Tableを使えばマルティンゲールロジックをコード化するよりも簡単だ。Bet Tableにはここで使っているマルティンゲールで最もよく使われる値が含まれている。異なるマルティンゲールを試したいときは、エクセルのロジックを作成するか、似たような表を勝ちトレードと負けトレードのさまざまな順序を想定して作成する必要がある。

　L列は勝った・負けた枚数の現在までの総数を示す。この値がゼロまたは正数になるとマルティンゲールは終了する。M列は勝った・負けた額をポイントで示す。この値が正数になるとマルティンゲールは

終了し、そのトレーダーの利益は新たな高値を更新することになる。

　N列はマルチンゲールによるトレンドトレードの資産の現在までの総額をポイントで示している。トレンドトレードによる損益とマルチンゲールによる損益を足し合わせたもので、これがマルチンゲールの資産曲線になる。

　最後のO列はK列でトレードされている枚数から証拠金残高を計算する。1枚当たりの証拠金がセルO61から差し引かれるが、これはトレードしているトレード対象によって調整してもよい。

　トレーディングルールを変更するにはエクセルの技術が必要だが、異なるデータを最初の5つの列にカット＆コピーすると簡単にいくはずだ。その場合、J61の損切り水準とO61の証拠金を変更するのを忘れないようにしよう。

■著者紹介
ジョン・スウィーニー（John Sweeney）
ノースウエスト銀行持株会社であるシーファースト・バンキング・コーポレーションの元分散投資部門部長。『テクニカル・アナリシス・オブ・ストック・アンド・コモディティーズ』誌のテクニカルエディターで、自らもトレーディングを行っている。

■監修者紹介
長尾慎太郎（ながお・しんたろう）
東京大学工学部原子力工学科卒。日米の銀行、投資顧問会社、ヘッジファンドなどを経て、現在は大手運用会社勤務。訳書に『魔術師リンダ・ラリーの短期売買入門』『タートルズの秘密』『新マーケットの魔術師』『マーケットの魔術師【株式編】』（いずれもパンローリング、共訳）、監修に『バーンスタインのデイトレード入門』『高勝率トレード学のススメ』『フルタイムトレーダー完全マニュアル』『新版　魔術師たちの心理学』『ロジカルトレーダー』『コナーズの短期売買実践』『システムトレード　基本と原則』『脳とトレード』『ザFX』『一芸を極めた裁量トレーダーの売買譜』『FXメタトレーダー4 MQLプログラミング』『裁量トレーダーの心得 初心者編』『裁量トレーダーの心得 スイングトレード編』『内なる声を聞け』『ラリー・ウィリアムズの短期売買法【第2版】』『コナーズの短期売買戦略』『株式売買スクール』など、多数。

■訳者紹介
山下恵美子（やました・えみこ）
電気通信大学・電子工学科卒。エレクトロニクス専門商社で社内翻訳スタッフとして勤務したあと、現在はフリーランスで特許翻訳、ノンフィクションを中心に翻訳活動を展開中。主な訳書に『EXCELとVBAで学ぶ先端ファイナンスの世界』『リスクバジェッティングのためのVaR』『ロケット工学投資法』『投資家のためのマネーマネジメント』『高勝率トレード学のススメ』『勝利の売買システム』『フルタイムトレーダー完全マニュアル』『新版　魔術師たちの心理学』『資産価値測定総論1、2、3』『テイラーの場帳トレーダー入門』『ラルフ・ビンスの資金管理大全』『テクニカル分析の迷信』『タープ博士のトレード学校　ポジションサイジング入門』『アルゴリズムトレーディング入門』『クオンツトレーディング入門』『スイングトレード大学』『コナーズの短期売買実践』『ワン・グッド・トレード』『FXメタトレーダー4 MQLプログラミング』『ラリー・ウィリアムズの短期売買法【第2版】』（以上、パンローリング）、『FORBEGINNERSシリーズ90　数学』（現代書館）、『ゲーム開発のための数学・物理学入門』（ソフトバンク・パブリッシング）がある。

2012年11月2日　初版第1刷発行

ウィザードブックシリーズ ⑲

損切りか保有かを決める最大逆行幅入門
── トレーディングの損失を最小化するリスク管理法

著　者　ジョン・スウィーニー
監修者　長尾慎太郎
訳　者　山下恵美子
発行者　後藤康徳
発行所　パンローリング株式会社
　　　　〒160-0023　東京都新宿区西新宿7-9-18-6F
　　　　TEL 03-5386-7391　FAX 03-5386-7393
　　　　http://www.panrolling.com/
　　　　E-mail　info@panrolling.com
編　集　エフ・ジー・アイ（Factory of Gnomic Three Monkeys Investment）合資会社
装　丁　パンローリング装丁室
組　版　パンローリング制作室
印刷・製本　株式会社シナノ
ISBN978-4-7759-7166-6

落丁・乱丁本はお取り替えします。
また、本書の全部、または一部を複写・複製・転訳載、および磁気・光記録媒体に
入力することなどは、著作権法上の例外を除き禁じられています。

本文　©Emiko Yamashita／図表　© PanRolling　2012 Printed in Japan

関連書

ウィザードブックシリーズ 42
トレーディングシステム入門
著者:トーマス・ストリズマン

「第9章 スイーニーのMAE（最大逆行幅）とMFE（最大順行幅）」でMAEについて詳しく解説されています。

巨額のマネーを動かす機関投資家であろうと、ポケットマネーの身銭を切って戦う個人投資家であろうと、成功と失敗の分かれ目は、結局、あなたが構築したトレーディングシステムにかかっている。あなたのトレーディングの運命を任せるに足るシステムと考え抜かれた戦略的トレーディングシステムの設計方法について、すべてを網羅した画期的書籍！

あなたは先の見えない裁量派ですか、先の分かるシステム派ですか？　あなたは勝つシステムを作れますか？　あなたのシステムは勝てますか？　あなたは自分のシステムを評価できますか？──

仕掛ける前に勝負はすでに決着がついているのです！　トレーディングとは、単なる個々の勝利を超えて、食うか食われるかの闘いに生き残ることである。すべてのコンポーネントが相互に絡み合い、リスクがヘッジされ、実行が容易で、ローリスクによる安定的な収益を確保されるようなシステムこそが求められている！

定価 本体 5,800 円+税　ISBN:9784775970034

ウィザードブックシリーズ 11
売買システム入門
——相場金融工学の考え方→作り方→評価法
著者:トゥーシャー・シャンデ

著者:トゥーシャー・シャンデ博士
システム構築上のさまざまな問題に対する、高出力レーザーや光ファイバーを用いた独創的な解決法で9つの特許を持つ。『テクニカル・アナリシス・オブ・ストック・アンド・コモディティ』誌のチーフエディターでもある彼は、CTAの資格を持ち、共著に『ニュー・テクニカル・トレーダー』がある。

本書では、高名なシステム開発者であるトゥーシャー・シャンデが、あなたのトレーディング上のニーズに即した「実際的な」システムの構築法を示してくれている。最先端の技術、時間を超えた原理の数々、そして実践的な指針が刺激的に組み合わされた本書は、あなただけのシステムを作り上げ、それを運用し、分析と現実のギャップを埋めるための方法論を示してくれている。シャンデはその重要な一歩として、あなた自身のトレーディングに対する考えをしっかり定めることを勧めている。彼によれば、「値動きに対するあなた自身の考え方が、トレーディング・システムの核とならなければいけない。それによって、そのシステムがあなたの個性を反映し、そうしたシステムを長期に用いることで成功を収める確率が高まる」のである。自らの考えの本質が完璧に把握できれば、それに即して効果的なシステムを作り上げることができ可能となる。簡潔かつ完璧なる参考書である本書を読めば、基本概念から実際の運用まで、システムデザインを作り上げる過程の複雑さに徐々に慣れていくことができる。

定価 本体 7,800 円+税　ISBN:9784939103315

システムトレードの達人たちに学ぶ
プログラミング編

ロバート・パルド (Robert Pardo)

使える システムの判断法

トレーディング戦略の設計・検証のエキスパートして知られ、プロのマネーマネジャーとしても長い経歴を持つ。マネーマネジメント会社であるパルド・キャピタル・リミテッド (PCL) をはじめ、コンサルティング会社のパルド・グループ、独自の市場分析サービスを提供するパルド・アナリティックス・リミテッドの創始者兼社長でもある。ダン・キャピタルとの共同運用でも知られているパル殿提唱したウォークフォワードテスト (WFT) はシステムの検証に革命をもたらした。トレーディングの世界最大手であるゴールドマンサックス、トランスワールド・オイル、大和証券でコンサルタントを勤めた経験もある。

アルゴリズムトレーディング入門
ウィザードブックシリーズ 167

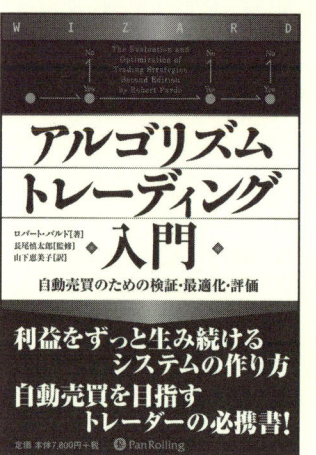

定価 本体7,800円+税　ISBN:9784775971345

トレーディングアイデアを、検証、適正な資金配分を経て、利益の出る自動化トレーディング戦略に育て上げるまでの設計図。

アート・コリンズ (Art Collins)

シュワッガーに負けない インタビュアー

ロバート・パルドとも親しいアート・コリンズは、1986年から数多くのメカニカルトレーディングシステムの開発を手掛け、またプロトレーダーとしても大きな成功を収めている。
1975年にノースウエスタン大学を卒業し、1989年からシカゴ商品取引所 (CBOT) の会員、また講演者・著述家でもある。著書には『マーケットの魔術師【大損失編】』などがある。

株価指数先物必勝システム
ウィザードブックシリーズ 137

定価 本体5,800円+税
ISBN:9784775971048

マーケットの魔術師 システムトレーダー編
ウィザードブックシリーズ 90

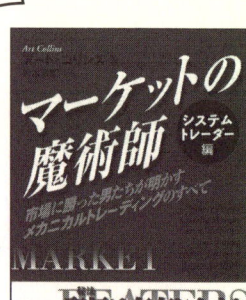

定価 本体2,800円+税
ISBN:9784775970522

システムトレードの達人たちに学ぶ

ジョン・R・ヒル (John R. Hill)

トレーディングシステムのテストと評価を行う業界最有力ニュースレター『フューチャーズ・トゥルース（Futures Truth）』の発行会社の創業者社長。株式専門テレビ CNBC のゲストとしてたびたび出演するほか、さまざまな投資セミナーの人気講師でもある。
オハイオ州立大学で化学工学の修士号を修得。おもな著書・DVD に『勝利の売買システム』『DVD ジョン・ヒルのトレーディングシステム検証のススメ』がある。
息子のランディ・R・ヒルも売買システム開発者である。

システム検証人

究極のトレーディングガイド

ウィザードブックシリーズ 54

全米一の投資システム分析家が明かす「儲かるシステム」

トレーディング The Ultimate Trading Guide
by John R. Hill, George Pruitt, Lundy Hill
著 ジョン・R・ヒル＋ジョージ・プルート＋ランディ・ヒル
監修 長尾慎太郎　訳 岡本裕男

システムトレードに使える**ネタの宝庫!!**
世界で最も権威ある売買システム評価誌の発行者たちが執筆!!

定価 本体4,800円+税　ISBN:9784775970157

この『究極のトレーディングガイド』は多くのトレーダーが望むものの、なかなか実現できないもの、すなわち適切なロジックをベースとし、安定した利益の出るトレーディングシステムの正しい開発・活用法を教えてくれる。
現在最も注目されているアナリストとそのパートナーは本書のなかで、トレーダーにとって本当に役に立つコンピューター・トレーディングシステムの開発ノウハウをあますところなく公開している!
株式、先物、オプションなどすべてのマーケットでトレードしたいという個人トレーダーにとって、本書は本当に使えるトレーディングシステムを開発・活用するうえで、まさに「究極」という名に値する素晴らしい実践的な指導書である。

あなたのトレード成績を向上させる秘訣がこの本にある！

- トレーディングシステムベスト10から優秀なシステムを紹介
- トレンドやパターンについても解説　本書であなたのシステムは進化する

本書P.363で紹介されているシステムポートフォリオの例

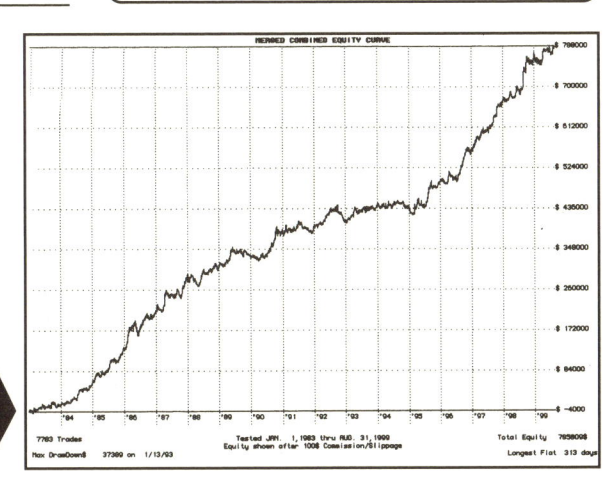

成功の秘訣が分かる
マーケットの魔術師たちに学ぶ

ジャック・D・シュワッガー
(Jack D. Schwager)

成功者の特質を取材

新刊発売予定!

現在、マサチューセッツ州にあるマーケット・ウィザーズ・ファンドとLLCの代表を務める。著書にはベストセラーとなった『マーケットの魔術師』『新マーケットの魔術師』『マーケットの魔術師［株式編］』（パンローリング）がある。また、セミナーでの講演も精力的にこなしている。

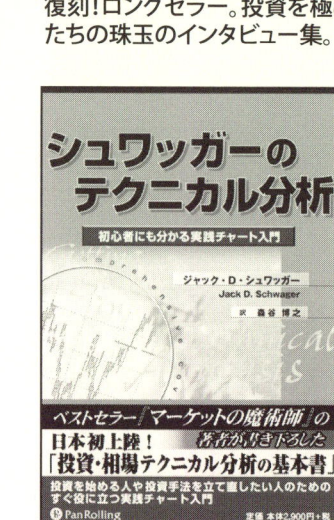

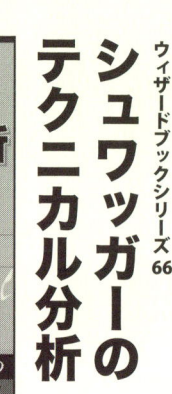

ウィザードブックシリーズ 19
マーケットの魔術師
米トップトレーダーが語る成功の秘訣

定価 本体2,800円+税　ISBN:9784939103407

世界中から絶賛されたあの名著が新装版で復刻！ロングセラー。投資を極めたウィザードたちの珠玉のインタビュー集。

ウィザードブックシリーズ 13
新マーケットの魔術師
米トップトレーダーたちが語る成功の秘密

定価 本体2,800円+税　ISBN:9784939103346

高実績を残した者だけが持つ圧倒的な説得力と初級者から上級者までが必要とするヒントの宝庫。

ウィザードブックシリーズ 66
シュワッガーのテクニカル分析

定価 本体2,900円+税　ISBN:9784775970270

これから投資を始める人や投資手法を立て直したい人のために書き下ろした実践チャート入門。

マーケットの魔術師たちに学ぶ

バン・K・タープ博士 (Van K. Tharp, Ph.D.)

コンサルタントやトレーディングコーチとして国際的に知られ、バン・タープ・インスティチュートの創始者兼社長でもある。マーケットの魔術師たちの共通点を洗い出し、そのエッセンスを体系化することに成功。それらは『新版 マーケットの魔術師』（パンローリング）にまとめられた。

そのほかこれまでトレーディングや投資関連の数々のベストセラーを世に送り出してきた。講演者としても引っ張りだこで、トレーディング会社や個人を対象にしたワークショップを世界中で開催している。またフォーブス、バロンズ、マーケットウイーク、インベスターズ・ビジネス・デイリーなどに多くの記事を寄稿している。

主な著書に『新版 魔術師たちの心理学』『魔術師たちの投資術』（いずれもパンローリング）などがある。

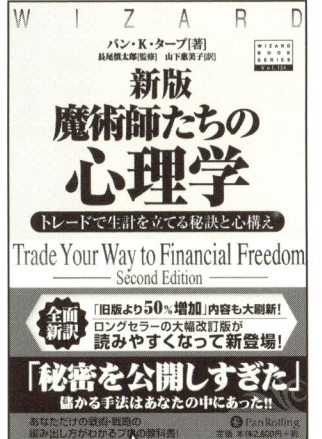

ベストコーチ

ウィザードブックシリーズ 134
新版 魔術師たちの心理学
トレードで生計を立てる秘訣と心構え

「第10章 抱え込むべきときを知れ――あなたの資産を守るには（420ページ）」でMAEについて詳しく解説されています。

定価 本体2,800円+税　ISBN:9784775971000

マーケットを瞬時にして支配するためのシステムはだれにでも手に入れることができることを明らかにした『魔術師たちの心理学』の待望の第2版がついに登場！ 現在のマーケット環境に照らし、今の時代にマッチした内容に大刷新されたこの第2版はさらにパワーアップ、成功するトレーディングに対するあなたの考え方を根底からくつがえすに違いない。

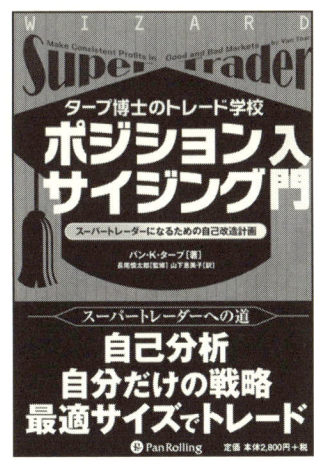

ウィザードブックシリーズ 160
ポジションサイジング入門

定価 本体2,800円+税　ISBN:9784775971277

普通のトレーダーからスーパートレーダーへ変身する近道！ 読者にトレーディングをビジネスととらえさせ、企業経営者の立場でトレーディングにアプローチするように養成していく。つまり、現実を見据え、体系的かつ情熱的にトレーディングに挑む姿勢を養うということである。何十年にもわたる経験をシステムとして確立することで、すべての人にマーケットの達人への道を切り開いたのが本書である。タープの知識、大局観、戦略的テクニックはいまやトレーディングの世界では伝説となっている。スーパートレーダーへの道は本書を手に取り、タープが言わんとすることを理解し、実践することが一番の早道である！

マーク・ダグラス　ブレット・スティーンバーガー　アリ・キエフ　ダグ・ハーシュホーン

トレード心理学の四大巨人による
不朽不滅の厳選ロングセラー5冊！

トレーダーや投資家たちが市場に飛び込んですぐに直面する問題とは、マーケットが下がったり横ばいしたりすることでも、聖杯が見つけられないことでも、理系的な知識の欠如によるシステム開発ができないことでもなく、自分との戦いに勝つことであり、どんなときにも揺るがない規律を持つことであり、何よりも本当の自分自身を知るということである。つまり、トレーディングや投資における最大の敵とは、トレーダー自身の精神的・心理的葛藤のなかで間違った方向に進むことである。これらの克服法が満載されたウィザードブック厳選5冊を読めば、次のステージに進む近道が必ず見つかるだろう!!

ブレット・N・スティーンバーガー博士 (Brett N. Steenbarger)

ニューヨーク州シラキュースにあるSUNYアップステート医科大学で精神医学と行動科学を教える准教授。自身もトレーダーであり、ヘッジファンド、プロップファーム（トレーディング専門業者）、投資銀行のトレーダーたちの指導・教育をしたり、トレーダー訓練プログラムの作成などに当たっている。

なぜ儲からないのか。自分の潜在能力を開花させれば、トレード技術が大きく前進することをセルフコーチ術を通してその秘訣を伝授！

**悩めるトレーダーのための
メンタルコーチ術**

定価 本体3,800円+税
ISBN:9784939103575

トレーダーの精神分析

定価 本体2,800円+税
ISBN:9784775970911

マーク・ダグラス (Mark Douglas)

トレーダー育成機関であるトレーディング・ビヘイビアー・ダイナミクス社社長。自らの苦いトレード体験と多くのトレーダーたちの経験を踏まえて、トレードで成功できない原因とその克服策を提示。最近は大手商品取引会社やブローカー向けに、心理的テーマや手法に関するセミナーを開催している。

本国アメリカよりも熱烈に迎え入れられた『ゾーン』は刊行から10年たった今も日本の個人トレーダーたちの必読書であり続けている!

ゾーン 14刷
オーディオブックあり
定価 本体2,800円+税
ISBN:9784939103575

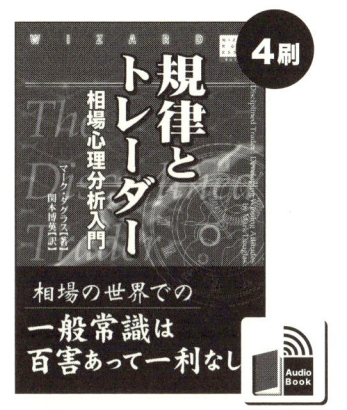

規律とトレーダー 4刷
オーディオブックあり
定価 本体2,800円+税
ISBN:9784775970805

アリ・キエフ (Ari Kiev)

スポーツ選手やトレーダーの心理ケアが専門の精神科医。ソーシャル・サイキアトリー・リサーチ・インスティテュートの代表も務め、晩年はトレーダーたちにストレス管理、ゴール設定、パフォーマンス向上についての助言をし、世界最大規模のヘッジファンドにも永久雇用されていた。2009年、死去。

世界最高のトレーダーのひとりであるスティーブ・コーエンが心酔して自分のヘッジファンドである SAC キャピタルに無期限で雇った!

トレーダーの心理学 2刷
定価 本体2,800円+税
ISBN:9784775970737

アリ・キエフのインタビューを収録!

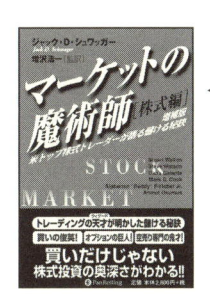

マーケットの魔術師 [株式編] 増補版
定価 本体2,800円+税
ISBN:9784775970232

Pan Rolling オーディオブックシリーズ

Audio Book

売り上げ 1位
書籍も発売中

ゾーン 相場心理学入門

マーク・ダグラス
パンローリング 約540分
DL版 3,000円（税込）
CD版 3,990円（税込）

超ロングセラー、相場心理書籍の王道「ゾーン」が遂にオーディオブックに登場！相場で勝つためにはそうすればいいのか！？本当の解決策が見つかります。

売り上げ 2位

バビロンの大富豪
「繁栄と富と幸福」はいかにして築かれるのか

ジョージ・S・クレイソン
パンローリング 約400分
DL版 2,200円（税込）
CD版 2,940円（税込）

不滅の名著！ 人生の指針と勇気を与えてくれる「黄金の知恵」と感動のストーリー！ 読了後のあなたは、すでに資産家への第一歩を踏み出し、幸福を共有するための知恵を確実にみにつけていることだろう。

規律とトレーダー

マーク・ダグラス
パンローリング 約440分
DL版 3,000円（税込）
CD版 3,990円（税込）

常識を捨てろ！ 手法や戦略よりも規律と心を磨け！ 相場の世界での一般常識は百害あって一利なし！ ロングセラー『ゾーン』の著者の名著がついにオーディオ化!!

相場との向き合い方、考え方が変わる！
書籍版購入者にもオススメです！

その他の売れ筋　各書籍版も好評発売中!!

マーケットの魔術師

ジャック・D・シュワッガー
パンローリング 約1075分
各章 2,800円（税込）

──米トップトレーダーが語る成功の秘訣──
世界中から絶賛されたあの名著がオーディオブックで登場！

新マーケットの魔術師

ジャック・D・シュワッガー
パンローリング約1286分
DL版 10,500円（税込）
PW版 10,500円（税込）

ロングセラー「新マーケットの魔術師」（パンローリング刊）のオーディオブック!!

マーケットの魔術師 システムトレーダー編

アート・コリンズ
パンローリング約760分
DL版 5,000円（税込）
CD-R版 6,090円（税込）

市場に勝った男たちが明かすメカニカルトレーディングのすべて
14人の傑出したトレーダーたちのインタビューによって、読者のトレードが正しい方向に進む手助けになるだろう！

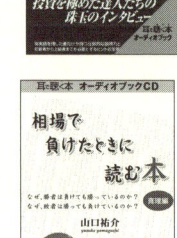

相場で負けたときに読む本 真理編・実践編

山口祐介　パンローリング
真理編 DL版 1,575円（税込）
　　　　 CD版 1,575円（税込）
実践編 DL版 1,575円（税込）
　　　　 CD版 2,940円（税込）

負けたトレーダーが破滅するのではない。負けたときの対応の悪いトレーダーが破滅するのだ。

私は株で200万ドル儲けた

ニコラス・ダーバス
パンローリング約306分
DL版 1,200円（税込）
CD-R版 2,415円（税込）

営業マンの「うまい話」で損をしたトレーダーが、自らの意思とスタイルを貫いて巨万の富を築くまで──

孤高の相場師リバモア流投機術

ジェシー・ローリストン・リバモア
パンローリング約161分
DL版 1,500円（税込）
CD-R版 2,415円（税込）

アメリカ屈指の投資家ウィリアム・オニールの教本！ 稀代の相場師が自ら書き残した投機の聖典がついに明らかに！

Chart Gallery 4.0 for Windows

パンローリング相場アプリケーション
チャートギャラリー
Established Methods for Every Speculation

最強の投資環境

成績検証機能つき

● 価格(税込)
チャートギャラリー 4.0
エキスパート　147,000 円
プロ　　　　　 84,000 円
スタンダード 　 29,400 円

お得なアップグレード版もあります
www.panrolling.com/pansoft/chtgal/

チャートギャラリーの特色

1. **豊富な指標と柔軟な設定**
   指標をいくつでも重ね書き可能
2. **十分な過去データ**
   最長約30年分の日足データを用意
3. **日々のデータは無料配信**
   わずか3分以内で最新データに更新
4. **週足、月足、年足を表示**
   日足に加え長期売買に役立ちます
5. **銘柄群**
   注目銘柄を一覧表にでき、ボタン1つで切り替え
6. **安心のサポート体勢**
   電子メールのご質問に無料でお答え
7. **独自システム開発の支援**
   高速のデータベースを簡単に使えます

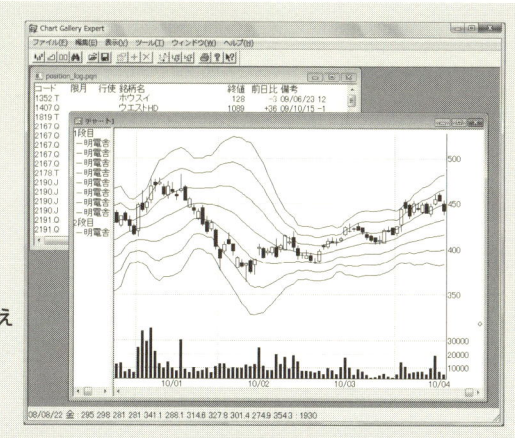

チャートギャラリー　エキスパート・プロの特色

1. 検索条件の成績検証機能 [エキスパート]
2. 強力な銘柄検索 (スクリーニング) 機能
3. 日経225先物、日経225オプション対応
4. 米国主要株式のデータの提供

検索条件の成績検証機能 [Expert]

指定した検索条件で売買した場合にどれくらいの利益が上がるか、全銘柄に対して成績を検証します。検索条件をそのまま検証できるので、よい売買法を思い付いたらその場でテスト、機能するものはそのまま毎日検索、というように作業にむだがありません。
表計算ソフトや面倒なプログラミングは不要です。マウスと数字キーだけであなただけの売買システムを作れます。利益額や合計だけでなく、最大引かされ幅や損益曲線なども表示するので、アイデアが長い間安定して使えそうかを見積もれます。

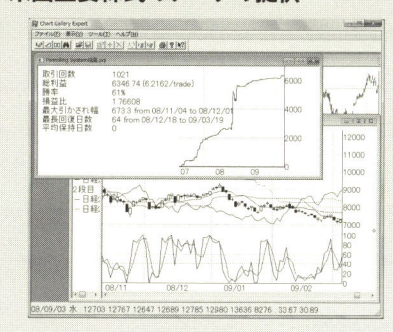

がんばる投資家の強い味方　Traders Shop

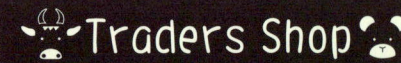

http://www.tradersshop.com/

24時間オープンの投資家専門店です。

パンローリングの通信販売サイト「**トレーダーズショップ**」は、個人投資家のためのお役立ちサイト。書籍やビデオ、道具、セミナーなど、投資に役立つものがなんでも揃うコンビニエンスストアです。

他店では、入手困難な商品が手に入ります!!

- 投資セミナー
- 一目均衡表 原書
- 相場ソフトウェア　チャートギャラリーなど多数
- 相場予測レポート　フォーキャストなど多数
- セミナーDVD
- オーディオブック

ここでしか入手できないモノがある。

さあ、成功のためにがんばる投資家は
いますぐアクセスしよう！

トレーダーズショップ 無料 メールマガジン

●無料メールマガジン登録画面

トレーダーズショップをご利用いただいた皆様に、**お得なプレゼント**、今後の**新刊情報**、著者の方々が書かれた**コラム**、**人気ランキング**、ソフトウェアのバージョンアップ情報、そのほか投資に関するちょっとした情報などを定期的にお届けしています。

まずはこちらの
「**無料メールマガジン**」
からご登録ください！
または info@tradersshop.com まで。

パンローリング株式会社　〒160-0023 東京都新宿区西新宿 7-9-18-6F
Tel：03-5386-7391　Fax：03-5386-7393
お問い合わせは　http://www.panrolling.com/
E-Mail info@panrolling.com

携帯版